Georg Schrott

Caffeebaum und Pomerantzen

Abb. 1: „Coffe, Caffe" im „HERBARIVM BLACKWELLIANVM"
(Kat. 1.1)

Abb. 2: „Pomrantzen" im „HERBARIVM BLACKWELLIANVM"
(vgl. Kat. 1.1)

Georg Schrott

Caffeebaum und Pomerantzen

Orangeriekultur in Oberpfälzer Klöstern

Herausgegeben von der
Provinzialbibliothek Amberg

SCHNELL + STEINER

Abbildung der vorderen Umschlagseite: Idealplan des Klosters Speinshart (Kat. 2.5); „Pomerantze" aus: [Blackwell, Elisabeth]:
HERBARIVM BLACKWELLIANVM Bd. IV, Taf. 349 (vgl. Kat. 1.1)

STAATLICHE
BIBLIOTHEK
AMBERG
Provinzialbibliothek

Katalogbuch zur Ausstellung in der Provinzialbibliothek Amberg
vom 11. Mai bis 26. Juni 2009

Tabula Sponsorum

Ernst-Pietsch-Stiftung

Amberger Bürgerstiftung – Oberbürgermeister der Stadt Amberg

Bayerische Volksstiftung

Bischöfliches Ordinariat Regensburg

MST GmbH, Hochseereederei

Siemens AG

Sparkasse Amberg-Sulzbach

Landrat des Landkreises Amberg-Sulzbach

Bibliografische Information der Deutschen Bibliothek:
Die Deutsche Bibliothek verzeichnet diese Publikation in der Deutschen Nationalbibliografie;
detaillierte bibliografische Daten sind im Internet über <http://dnb.ddb.de> abrufbar.

1. Auflage 2009
© 2009 Verlag Schnell & Steiner GmbH, Leibnizstraße 13, 93055 Regensburg
Satzherstellung: Vollnhals Fotosatz, Neustadt a. d. Donau
Umschlaggestaltung: Anna Braungart, Tübingen
Druck: Erhardi Druck GmbH, Regensburg
ISBN 978-3-7954-2160-1

Weitere Informationen zum Verlagsprogramm erhalten Sie unter:
www.schnell-und-steiner.de

Vorwort

„Caffeebaum und Pomerantzen" – wer möchte da nicht gleich ins Schwelgen und Schwärmen kommen, denn unwillkürlich assoziiert man exotische Früchte und Genüsse, ferne Länder und südliche, leichte Lebensart. Orangerien als integraler Bestandteil von wundervoll angelegten barocken Gärten, in denen man sich inmitten fein duftender Blütenpracht die Zeit vertreibt – dieser romantischen Vorstellung gibt man gerne nach, und sie will näher ergründet werden. So verwundert es nicht, dass die Idee von Georg Schrott, der aus Waldsassen stammt und sich bereits wiederholt um die intensive Erforschung der klösterlichen Kulturgeschichte im 17. und 18. Jahrhundert verdient gemacht hat, eine Ausstellung zur Orangeriekultur der Oberpfälzer Klöster in der Provinzialbibliothek zu zeigen, auf fruchtbaren Boden stieß. Die Amberger Bibliothek birgt seit 1805 das Büchererbe aus den säkularisierten Klöstern der Region, denen sie somit in besonderer Weise verbunden und verpflichtet ist. Ihre Orangerien und Orangeriepflanzen sollen in Plänen, kolorierten Kupfertafeln und Druckgraphiken wieder ans Tageslicht gebracht werden und fruchtbringend für das Auge des Betrachters erblühen. Schmückendes und essenzielles Beiwerk sind die Exponate, die die Besonderheiten der klösterlichen Orangerien, das Zusammenspiel mit Klostermedizin und Bildungswesen und die

geistliche Symbolkraft von Orangeriepflanzen vorführen.

Ohne die gute Zusammenarbeit mit weiteren kulturellen Einrichtungen wäre die Ausstellung nicht möglich gewesen. Für ihr großzügiges Entgegenkommen gebührt herzlicher Dank Dr. Maria-Rita Sagstetter vom Staatsarchiv Amberg, den Bibliotheksleitern Dr. Helmut Gier von der Stadt- und Staatsbibliothek Augsburg, Prof. Dr. Werner Taegert von der Staatsbibliothek Bamberg, Dr. Bernhard Luebbers von der Staatlichen Bibliothek Regensburg und dem Germanischen Nationalmuseum, die alle Leihgaben aus ihren Beständen für die Ausstellung zur Verfügung gestellt haben.
Alle Sinne der Besucher sollen angesprochen werden. So werden die alten Drucke ergänzt um natürlich duftende Orangeriepflanzen. Ich bedanke mich beim Gartencenter Dehner Amberg, das mit seinen freigiebig leihweise bereitgestellten Pflanzen den Spaziergang durch die Ausstellung um die wunderbare Atmosphäre eines auserlesen bestellten Glashauses bereichert.

Für die tatkräftige Unterstützung und ihren großen Einsatz, die die Ausstellung mit Katalog erst gedeihen ließ, ist allen Bibliotheksmitarbeitern zu danken, besonders Franz Meier, der für fast alle der qualitätvollen Fotoaufnahmen verantwortlich zeichnet. Das Katalogbuch wurde bestens betreut und gestaltet vom Verlag Schnell & Steiner. Großer Dank geht an unsere Sponsoren, welche die Last der Druckkosten übernommen haben und ohne die das Projekt nicht hätte verwirklicht werden können.

Als Ideengeber und Motor des Unternehmens, kreativem Bildner und Erbringer der inhaltlichen Leistung gebührt allein Georg Schrott die Ehre.

Nur durch seine Begeisterungsfähigkeit, Energie und fachliche Kompetenz, die er uneigennützig zur Verfügung gestellt hat, sind die Gestaltung dieser Ausstellung und mit dem Katalogbuch ihre dauerhafte Dokumentation gelungen. Dafür gilt ihm mein tiefer Dank und meine große Anerkennung.

Siglinde Kurz
Leiterin der Provinzialbibliothek Amberg

Heinrich Hesse: Neue Garten-Lust

„Daß ein Pomerantzen-Hauß in einem wohlbestelten Lust-Garten/ eines von denen allerbesten und raresten Stücken ist, wird kein verständiger Gärtner verneinen."
(Kat. 4.1.3, 33)

Inhaltsverzeichnis

Abkürzungsverzeichnis:

BHStA M   Bayerisches Hauptstaatsarchiv München
GNM N   Germanisches Nationalmuseum Nürnberg
PB AM   Provinzialbibliothek Amberg
Prov.   Provenienz
SB BA   Staatsbibliothek Bamberg
SB R   Staatliche Bibliothek Regensburg
SStB A   Staats- und Stadtbibliothek Augsburg
StA AM   Staatsarchiv Amberg
VA WEN (TIR)   Vermessungsamt Weiden, Außenstelle Tirschenreuth

Facetten der Orangeriekultur

Bücher werden heute gern prosaisch als Wissensspeicher, ja als „Wissensmaschinen"[1] gesehen. Die Bücher im Altbestand der Provinzialbibliothek muten eher an wie eine Schar greiser Pensionäre. Bis 1802/03 taten sie ihren Dienst in den Bibliotheken verschiedener Abteien. In den Jahren nach der Klosteraufhebung mussten sie ihre Heimatklöster verlassen. Man holte sie in Amberg zusammen, teilte ihnen neue, nicht mehr allzu anstrengende Arbeiten zu – Jüngere hatten die Hauptarbeit zu erledigen – und begann schon fast, sie zu vergessen. Das Pflegepersonal wurde zeitweise auf ein Minimum reduziert. Erst in den 1960er Jahren erinnerte man sich wieder stärker an die inzwischen recht angestaubten Senioren, suchte das Gespräch mit ihnen, und siehe da: Sie verwahren für die Nachwelt immer noch eine enorme Fülle an Wissen und Erinnerungen, die nun durch Ausstellungen und Publikationen vermehrt der Öffentlichkeit zugänglich gemacht werden.[2] Was können sie uns über die oberpfälzische Klosterkultur im 18. Jahrhundert erzählen, was über die frühneuzeitliche Orangeriekultur?

Sehnsucht nach der Ferne, nach dem Süden, nach Licht und Wärme – wir alle kennen dieses Gefühl, und es ist so stark, dass eine gigantische Tourismus-Industrie davon seit langem kräftig profitiert. Schon in früheren Jahrhunderten zog es jene Gebildeten, die es sich leisten konnten, von Dürer bis Goethe, nach Italien. Mönche und Chorherren jedoch konnten sich, abgesehen von wenigen Ausnahmen, nicht einfach aufmachen, um die Regionen südlich der Alpen kennenzulernen. Das Gelübde der „stabilitas", der Ortsbeständigkeit, band sie dem Ideal nach zeitlebens an ihr Kloster. War es das, was sie im 18. Jahrhundert dazu brachte, in ihren Gärten Pomeranzenhäuser anzulegen, sich gleichsam den Süden in den Norden zu holen und sich mit Kaffeebäumchen und Bitterorangen (Abb. 1, 2, 5, 18, 33, 56; Kat. 1.1 u. 1.2) zu umgeben? Den Funktionen und der konkreten Gestaltung von klösterlichen Orangerien und exotischen Pflanzensammlungen in Abteien der Frühen Neuzeit wird in der Ausstellung „Caffeebaum und Pomerantzen" nachgegangen.

Ausgerechnet zwei zentrale Themenschwerpunkte der Ausstellung könnten allerdings Verwunderung auslösen. Zum einen ließe sich fragen: Warum wurden gerade die Oberpfälzer Klöster ausgewählt? Die Antwort: „Weil sie da sind" wird einem Nicht-Oberpfälzer womöglich nicht ausreichen. Damit nicht genug, könnte man fragen: Warum wird eine Orangerie-Ausstellung schwerpunktmäßig mit den Mitteln einer Bibliothek bestritten, die in ihren Beständen noch nicht einmal einen Klassiker der so genannten „Zitrus-Literatur"[3] vorzuweisen hat? Ein kühnes oder gar sinnloses Unterfangen, möchte man womöglich meinen. Doch gerade die genannten Umstände – die Konzentration auf die Oberpfälzer Klöster und auf die Bestände der Provinzialbibliothek Amberg – können einem besonderen Erkenntnisgewinn dienen. Die Faszination, die von südländischen Gewächsen ausging, blieb nicht auf die Pflanzen und ihr Arrangement in Gärten und Gewächshäusern beschränkt, sondern strahlte aus in eine Reihe benachbarter kultureller Praktiken oder wurde von diesen mitgeprägt. Ihrer materiellen, sinnlichen und symbolischen Qualitäten wegen wurde in der frühneuzeitlichen Kultur auf Orangeriepflanzen an verschiedensten Stellen Bezug genommen, man denke nur an die Rolle von Zitrusfrüchten im Küchenstillleben. Auch anhand von klösterlichen Bibliotheksbeständen können solche Berührungszonen und Überschneidungen dargestellt werden. Dass dazu Bände aus ehemaligen Oberpfälzer Klosterbibliotheken herangezogen werden, liegt in der Bestandsgeschichte der Provinzialbibliothek Amberg begründet. Dazu später mehr.

Der Begriff „Orangerie"

Auf den ersten Blick scheint mit dem Begriff „Orangerie" das Thema klar benannt zu sein. Ein entsprechender Duden-Eintrag lautet: „pers. – arab. – span. – fr. [in die Anlage barocker Schlösser einbezogenes] Gewächshaus zum Überwintern von exotischen Gewächsen, bes. von Orangenbäumen (in Parkanlagen des 17. und 18. Jahrhunderts)"[4]. Der berechtigte Hinweis auf die „exotischen Gewächse" zeigt an, dass in den Orangerien nicht nur Zitrusfrüchte gezogen wurden, sondern eine ganze Reihe typischer „Orangeriepflanzen"[5]. Jedoch handelt es sich nicht allein um ein Charakteristikum der Schlossarchitektur, denn es gab bürgerliche und eben auch klösterliche Überwinterungshäuser für Pflanzen aus fernen Ländern.

Früher hatte der Begriff „Orangerie" aber ohnehin eine andere Bedeutung, wie Hübners „LEXICON" von 1714 (Kat. 1.3) zu entnehmen ist:

Johann Hübner: „Orangerie"

„Orangerie, ein angenehmer Lust-Wald, oder ein in schöner Ordnung gestellter Vorrath, von lauter Citronen- Pomerantzen- und Laurier-Bäumen [= Lorbeer-Bäumen], welche durch Kunst und fleißige Wartung der Gärtner, in kostbaren und vornehmen Gärten angeleget, des Winters aber in Ländern, die ein kaltes rauhes Clima haben, in ein so genanntes Gewächs-Haus, in welchen vermittelst ein oder mehrer Oefen eingeheizet wird, gebracht und also vor der Kälte bewahret werden, sonderlich wann man in solche Gewächs-Häuser täglich bey harten Frost, hin und wieder viel Zober [= Zuber] mit Wasser setzet, in welche sich die Kälte ein- und von den Gewächsen so viel leichter abziehet."[6]

Noch im frühen 18. Jahrhundert wurde also nicht die Architektur, sondern der Pflanzenbestand mit dem Begriff benannt. Erst später kam die heutige Bedeutung hinzu. Orangeriehistoriker verweisen immer gern auf die Einträge in Zedlers „UNIVER-

SAL-LEXICON".[7] Hier findet man elf Jahre nach Hübner folgende Erklärung:

Johann Heinrich Zedler: „Orangerie"

„Orangerie, oder Gewächs-Hauß, siehe Garten-Hauß [...]
Orangerie, heisset auch der von Citronen- Pommerantzen- allerhand ausländischen Bäumen und Gewächsen bey einem Garten vorhandene Vorrath, welcher seiner Her-kunfft nach ein wärmeres Land, als das un-serige ist, erfordert, darbey aber demselben eine besondere Zierde und Ansehen giebt, und daher auf dessen Anbau viel Fleiß ge-wendet wird."[8]

Unter dem Lemma „Garten-Hauß" steht dann das Folgende:

Johann Heinrich Zedler: „Garten-Hauß"

„Garten-Hauß, Gewächs-Hauß, Pomerant-zen-Hauß, Orangerie ist ein Gebäu in einem Lust-Garten, in welchem die zarten und aus-ländischen Gewächse, so unsere Lufft nicht ertragen können, sonderlich den Winter über beygesetzet, und wider die Kälte beschützet werden. Ein solches Hauß muß also angeleget werden, daß seine vordere Seite gegen Mittag sehe, und viele grosse Oeffnungen habe, da-durch bey gutem Wetter die Lufft und Sonne hinein dringen, die aber gegen das böse Wet-ter mit Laden oder anderst verwahret wer-den mögen. Jnwendig werden Oefen angelegt, welche aber mit solcher Vorsichtigkeit geheit-zet werden müssen, daß sie nicht zu frühe anfangen, nicht zu spät aufhören, und mitt-ler Zeit immer eine wohlgemäßigte Wärme ohne empfindliches Steigen und Fallen unter-halten, weil die Gewächse sonst Schaden nehmen könnten."[9]

Fürstliche und bürgerliche Orangerien

Eines der frühesten nachweisbaren Pomeranzen-häuser wurde 1555 in Heidelberg errichtet.[10] In den Jahrzehnten danach folgten weitere derartige Einrichtungen beispielsweise in Stuttgart, Bam-berg, Kassel, Gottorf, Braunschweig und Mün-chen.[11] Es waren zunächst jeweils abschlagbare Pomeranzen- oder auch Feigenhäuser, das heißt, die Bäume waren ortsfest in den Boden einge-pflanzt, und im Winter wurden sie mit beheiz-baren Konstruktionen aus Holz und Glas über-baut.[12] Erst allmählich kamen im Lauf des 17. Jahrhunderts feststehende Orangeriegebäude hinzu, während nun umgekehrt die Pflanzen mobil werden mussten, indem sie in Kübeln gehalten wurden, die man in den Gärten frei beweglich aufstellen konnte.[13]
Der Aufschwung nach dem Dreißigjährigen Krieg brachte in den deutschen Territorien neben vielen anderen Errungenschaften auch eine Blüte der

Orangeriekultur hervor. Orangerien waren nun ein fester Bestandteil im Hofleben der Fürsten- und Adelsschlösser.[14] Die Festsäle erhielten eine räumliche Fortsetzung in den Gärten und Pomeranzenhäusern. Berühmte Beispiele sind der Dresdner Zwinger und das Schloss auf dem Weinberg von Sanssouci.

Doch auch in der bürgerlichen Sphäre fanden Orangerien ihre Liebhaber, allen voran in den „Hesperidengärten" der Nürnberger Patrizier.[15] Besonders rührig war auf diesem Gebiet die Familie Volkamer: Ab 1614 hatte Johann Volkamer (1576–1661) in Gostenhof vor der Nürnberger Stadtmauer einen Garten einzurichten begonnen. Sein Sohn Johann Georg (1616–93) entwickelte umfangreiche botanische Aktivitäten, und sein Enkel, Johann Christoph Volkamer (1644–1720), dokumentierte die hortikulturellen Leistungen der Familie in seinen „Nürnbergische[n] HESPERIDES"[16], dem wohl wichtigsten deutschsprachigen Werk der Zitrus-Literatur im 18. Jahrhundert. Auch wenn der opulente Band – und damit die darin dokumentierte Orangeriekultur – ein sehr wirksames Medium der Selbstdarstellung ist, kann das bürgerliche Interesse an südländischen Pflanzen und entsprechenden Überwinterungshäusern nicht mit den höfischen Bedürfnissen und Vorlieben gleichgesetzt werden. Volkamers Schrift ist denn auch schwerpunktmäßig botanisch und hortikulturell ausgerichtet.[17] Aufgrund solcher Kulturleistungen gelten Pomeranzenhäuser und südländische Pflanzensammlungen in der gartenhistorischen Forschung vor allem als höfische und patrizische Betätigungsfelder.[18] Erst allmählich wird deutlich, dass den höfischen und

Abb. 3: Klöster in der Oberpfalz (eingearbeitet in: J. B. Homann: ATLAS NOVUS; Kat. 1.5)

1 = Waldsassen; 2 = Speinshart; 3 = Michelfeld; 4 = Weißenohe; 5 = Amberg; 6 = Ensdorf; 7 = Plankstetten;
8 = Regensburg; 9 = Reichenbach; 10 = Walderbach; 11 = Neukirchen/Hl. Blut

bürgerlichen Orangerien die Klosterorangerien als dritte Gruppe an die Seite zu stellen sind.

Orangerien in frühneuzeitlichen Stiften

Als Simone Balsam ihre Dissertation über Orangerien schrieb, galt ihr Erkenntnisinteresse einer Typologie von Orangeriebauten. Hier war „die Unterscheidung der Orangeriebauten nach weltlichem oder geistlichem Umfeld […] unerheblich". Orangerien behandelte sie vor allem als herrschaftliche Architektur, und es wurde „unter dem ‚absolutistischen Herrscher' immer auch der geistliche verstanden"[19]. Doch nicht nur geistliche Herrscher, Bischöfe und Fürstäbte also, errichteten Orangerien, sondern auch Prälatenklöster in Bayern und Österreich. Deren Äbte und Pröpste übten zwar die Grundherrschaft über ihre Hintersassen aus, „Herrscher" im verfassungsrechtlichen Sinn waren sie aber nicht.

Neben einer architektonischen erscheint daher auch eine funktionale Typologie sinnvoll: Welcher Betreiber unterhielt seine Orangerie aus welchen Motiven? Da aus dem klösterlichen Schriftgut hierzu bisher keine Äußerungen bekannt geworden sind, bleiben wir einstweilen auf Mutmaßungen angewiesen, auf Indizien, die aus der Praxis der Orangeriekultur abgelesen werden können.

Da „einst nahezu jeder Adelssitz einen Raum zur Überwinterung der empfindlichen Gewächse bereithielt"[20], überrascht es nicht, dass beispielsweise die Fürstäbte von Kempten und Fulda, von Klöstern somit, in denen ausschließlich Adelige lebten, Orangeriegebäude errichten ließen.[21] Auch im Garten der

adeligen Stiftsdamen des Obermünsters in Regensburg ist das Vorhandensein eines „Glashauses" Mitte des 18. Jahrhunderts[22] nichts Ungewöhnliches. Doch bürgerliche Konvente leisteten sich nicht selten ebenfalls solche Einrichtungen. Einige wenige, vor allem zisterziensische Orangerien sind bisher in den Fokus der Forschung geraten, beispielsweise die von Bronnbach im Taubertal,[23] von Ebrach im Steigerwald,[24] von Zwettl im österreichischen Waldviertel[25] oder von Neuzelle in der Niederlausitz[26]. Doch es gab einst weitaus mehr davon.

In Altbayern ist die Orangeriekultur der Klöster noch kaum berücksichtigt worden, obwohl sie auch hier gepflegt wurde. Nicht immer wurden dafür eigene Pomeranzenhäuser errichtet. Aus der Benediktinerabtei Rott am Inn ist das Register eines dort angelegten Herbariums erhalten, das eine Reihe von Orangeriepflanzen aufzählt.[27] Auch wurden dort selbst gezogene Feigen gegessen.[28] Die Gewächse wurden offenbar in dafür reservierten Räumen im Parterre des Klostergebäudes frostfrei überwintert, den sogenannten „Garteneinsetzen"[29]. Auch im Franziskanerkloster in Dietfurt befanden sich bei der Säkularisation 1802 Feigenbäumchen in den Einsetzen, bei den Straubinger Franziskanern sogar Zitronen.[30]

Nachgewiesen ist ein eigenes Überwinterungshaus der Chorherren in Dießen um 1660, wo dann um 1750 eine Orangerie gebaut wurde.[31] Der Indersdorfer Abt Innocentius Weiß wird in seiner Leichenpredigt 1748 als versierter Gärtner dargestellt: „Mein GOtt, wie vil Stund ausser den Regiers-Geschäfften hat nit INNOCENTIUS zugebracht […] in Zurichtung, deren, villeicht in gantz Bayrn nit

gesehenen Limoni- und Pomerantzen-Stämmen […]?"[32] Im Garten ihres Ingolstädter Stadthofs errichtete die Zisterzienserabtei Kaisheim um 1780 eine Orangerie.[33] Außerdem gibt es eine ehemalige Klosterorangerie in Raitenhaslach, in Schwaben bei Ottobeuren und in Franken auf dem Bamberger Michelsberg. In der nördlichen Oberpfalz wurde in drei Abteien – Michelfeld, Speinshart und Waldsassen – das Thema planerisch aufgegriffen, mit unterschiedlichen Ergebnissen, an denen sich die damaligen Möglichkeiten bereits in ziemlicher Bandbreite ablesen lassen.[34]

Orangeriekultur im Buch: Zu den Beständen der Provinzialbibliothek Amberg

Aufgrund der allgemein verbreiteten Sehnsucht nach Geschichte und nach spirituellen Orten ist die

Abb. 5: *Varietäten der Pome-*
ranze in J. W. Weinmanns
„PHYTANTHOZA ICONO-
GRAPHIA" (Kat. 1.2)

Musealisierung und Rekonstruktion historischer Klostergärten derzeit gängige Praxis. Dabei wird gern übersehen oder verschwiegen, dass die Identität eines Gartens in seiner stetigen (naturzyklischen oder auch gestalterischen) Veränderung besteht und daher niemals originalgetreu „eingefroren" werden kann. Authentizitätsfiktionen historischer Gärten bilden nicht Befindlichkeiten der Vergangenheit, sondern der Gegenwart ab.[35]

Die Provinzialbibliothek Amberg konnte als Veranstalterin einer Ausstellung über klösterliche Orangeriekultur – die Pflanzen, die Gebäude, das soziokulturelle Umfeld – freilich gar nicht in Versuchungen dieser Art geraten. Gärten lassen sich mittels Büchern und Archivalien nicht rekonstruieren, sondern nur repräsentieren – dies aber auf ganz verschiedenen Gebieten.

Zunächst aber ein Wort zu den Klöstern der Oberen Pfalz (Abb. 3, Kat. 1.5). Diese finden bei Historikern nicht dieselbe Aufmerksamkeit wie die anderer Regionen[36] – auch ein Grund, sie wieder einmal in Erinnerung zu bringen. Es gab hier erst seit der zweiten Hälfte des 17. Jahrhunderts wieder selbstständige Klöster, nachdem das vormals evangelische pfälzische Territorium im Dreißigjährigen Krieg 1621 vorläufig, 1628 endgültig an Bayern gekommen war.

An der Rekatholisierung wirkten neben den Jesuiten auch Mönche verschiedener Abteien mit. Diese gehörten zu den so genannten Prälatenorden, deren Klöster sich üblicherweise auf dem Lande befanden, als Existenzgrundlage einen erheblichen Grundbesitz benötigten und mit herrschaftlichen Rechten ausgestattet waren. Restituiert wurden die Benediktinerabteien Ensdorf, Michelfeld, Reichenbach und Weißenohe, die Zisterzen Walderbach und Waldsassen sowie das Prämonstratenserkloster Speinshart. Den Status von Abteien erlangten sie in den Jahren ab 1690. Daneben entstand eine Reihe von Bettelordens-Konventen, etwa aus dem Orden der Augustiner-Eremiten und den verschiedenen Zweigen der franziskanischen Ordensfamilie.[37] Aus diesen Klöstern sind aber weder größere Bücherbestände noch Spuren einer Beschäftigung mit der Orangeriekultur erhalten. Orangerien gab es wohl überwiegend bei Prälatenklöstern; man findet sie in Michelfeld und Waldsassen, geplant war zunächst eine weitere in Speinshart.

Von der alten Oberen Pfalz ist das Gebiet der heutigen Oberpfalz zu unterscheiden, das sich in seiner Südhälfte deutlich weiter erstreckt als im 18. Jahrhundert. Daher beinhaltet es nun die ehemaligen Klöster des Regensburger Raumes und die Benediktinerabtei Plankstetten, einst im Hochstift Eichstätt gelegen. Um Verwechslungen zu vermeiden, wird daher hier für die Zeit vor dem Ende des Heiligen Römischen Reiches ausschließlich der Begriff „Obere Pfalz" verwendet.

Mit der Geschichte der Ordenshäuser in dieser Oberen Pfalz ist die Entstehung der Provinzialbibliothek Amberg eng verbunden,[38] da sie diesen wesentliche Teile ihres Raumgefüges und ihrer Bestände verdankt und ihre Entstehung auf die Klosteraufhebungen zurückgeht. Nachdem 1621 Jesuiten die Rekatholisierung der zuletzt evangelisch-reformierten Stadt Amberg übernommen hatten, ließen sie im letzten Drittel des Jahrhunderts ihr Kolleggebäude errichten, zu dem selbstverständlich auch ein Bibliothekssaal von angemessener Größe gehörte (Abb. 4). Nach der Aufhebung des Ordens 1773 übernahm von 1781 bis 1808 der Malteserorden die Immobilie.

Nachdem die Oberpfälzer Klöster 1802 (Waldsassen 1803) aufgehoben worden waren, stellte sich die Frage, wie mit den dort vorhandenen Bücherbeständen zu verfahren sei. 1805 wurde die Einrichtung einer Provinzialbibliothek in Amberg verfügt, zunächst im ehemaligen Salesianerinnenkloster. Aus den Oberpfälzer Klosterbibliotheken wurden die wertvolleren Bücher, insgesamt fast 50.000 Bände, herbeitransportiert, hier aber zu einem Drittel durch einen Brand im Jahr 1815 vernichtet. Der damalige Bibliothekar, der Ensdorfer Ex-Benediktiner Josef Moritz, schickte daraufhin eine Wunschliste mit Titeln verbrannter Bücher an die Hofbibliothek München, um aus dem dortigen Dubletten-Bestand Ersatz zu bekommen. Bei der Naturgeschichte stand Weinmanns „PHYTANTHOZA ICONOGRAPHIA" mit ihren wunderbaren botanischen Farbdrucken (Abb. 5; Kat. 1.2) zuoberst auf der Liste.[39] Teilweise schon jetzt, teilweise erst 1826 zog die Bibliothek an ihren heutigen Standort im früheren Jesuiten- bzw. Maltesergebäude um.

Von den rund 27.000 vor 1803 gedruckten Schriften sind heute etwa 16.700 Werke in 19.300 Bänden ihren Herkunftsklöstern dank einer gründlichen Provenienzerfassung eindeutig zuzuordnen. Da Bibliothekskataloge nur teilweise erhalten sind,[40] ist der Amberger Provenienzkatalog eine wesentliche Grundlage für die bibliotheks- und kulturgeschichtliche Erforschung und Beurteilung der einzelnen Abteien. Die Bestände spiegeln die Lektürebedürfnisse ihrer ehemaligen Besitzer und lassen örtliche Besonderheiten und Schwerpunkte der Erwerbspolitik erkennen.

Kat. 1.1: Caffeebaum … (Abb. 1)

[Blackwell, Elisabeth]: HERBARIVM BLACK-WELLIANVM EMENDATVM ET AVCTVM […] Bd. IV, Nürnberg 1760, Taf. 337: Coffee
PB AM: Hist.nat.Bot. 50(4 (Prov.: Reichenbach)

Kat. 1.2: … und Pomerantzen (Abb. 5)

Weinmann, Johann Wilhelm: PHYTANTHOZA ICONOGRAPHIA, Sive Conspectus Aliquot millium, tam Indigenarum quam Exoticarum […] Plantarum […] Bd. 3, Regensburg 1742, Tafel N. 700
PB AM: Hist.nat.bot. 58(3 (Prov.: kurfürstlicher Leibarzt Johann Anton von Wolter; dann Hofbibliothek München)

Kat. 1.3: „Orangerie" bedeutete zunächst „Vorrath" von Zitruspflanzen

Hübner; Johann: Curieuses und Reales Natur-Kunst- Berg- Gewerck- und Handlungs-LEXICON […], o. O. [Leipzig] ²1714, 1139
PB AM: Encycl.un. 31 (Prov.: Reichenbach)

Kat. 1.4: Im 18. Jahrhundert wurde der Begriff „Orangerie" auch auf die Gewächshäuser ausgeweitet

Zedler, Johann Heinrich: Grosses vollständiges UNIVERSAL-LEXICON Aller Wissenschafften und Künste […] Bd. 10, 1735, 351
PB AM: Encycl.un. 4(10 (Prov.: Reichenbach)

Kat. 1.5: Ordenshäuser in der Oberpfalz (Abb. 3)

Homann, Johann Baptist: ATLAS NOVUS TERRARUM ORBIS IMPERIA, REGNA ET STATUS [...], Nürnberg o. J. [ca. 1702]

PB AM: Geogr. 519 (Prov. unbekannt)

Anmerkungen

1 Schneider 2006.
2 Zuletzt in: Sitz der Weisheit 2005.
3 Wimmer 1999a.
4 Duden. Das Fremdwörterbuch, 702.
5 Zu diesem Begriff s. Wimmer 2001, 72f.
6 Kat. 1.3, 1139.
7 Zuletzt beispielsweise Paulus 1997, 107ff.; Birgfeld 2003, 142f.; Hoiman 2003, 54ff.
8 Zedler Bd. 25, 1725.
9 Kat. 1.4, 351.
10 Hamann 2005, 109.
11 Tschira 1939, 13ff.; Hamann 2005.
12 Hamann 2005.
13 Tschira 1939, 20ff.
14 Püttmann 1988; Hamann 1996, 66; Saudan-Skira/Saudan 1998, 42ff.
15 Hamann 1996, 66; Heilmeyer 2001b.
16 Volkamer 1986.
17 Hamann 1986; Settekorn 2003.
18 S. beispielsweise Hamann 1986, 2; Birgfeld 2003; Landwehr 2003, 232.
19 Balsam 1989, 13.
20 Ebd., 12.
21 Gröschel 2005, 179ff.; Saudan-Skira/Saudan 1998, 46ff. (Fulda); Nordmann 2005, 126 (Kempten).
22 S. den Plan im Archiv des Erzbistums München und Freising, B 1455, fol. 535.
23 Junghans 1991; dies. 2003, 11–26.
24 Wiemer 1999, 69ff.
25 Gretzel/Chiba 2006, 33ff.
26 Niemann 2007, 50–116.
27 „Index Herbarij vivj [...]" (BHStA M: GR Fasz. 655 Nr. 123; Inventar „M").
28 Schrank 1793, 328.
29 Eingetragen im Plan von P. Paulinus Schuster, um 1800 (BHStA M: Plansammlung 10569).
30 Eder 2007, 217f.
31 Nordmann 2005, 124.
32 Mayer 1748, 13.
33 Nordmann 2005, 124.
34 In anderen Abteien der Oberpfalz waren keine Orangerien nachzuweisen; in der Datenbank des Arbeitskreises „Orangerien in Deutschland" ist bis dato nur die Waldsassener Einrichtung verzeichnet. Eine kurze monographische Darstellung der Waldsassener Orangerie ist zu finden in: Widmer 2006, 138f.
35 Tauschek 2006, 224ff.
36 Schrott/Knedlik 2003.
37 Schmid 1993, 327f.; ders. 1995.
38 Lipp 1991; ders. 2005a.
39 PB AM: Acten-Fasc. I, 29.9.1815.
40 Es gibt keine Kataloge aus Ensdorf, Michelfeld und Walderbach; derjenige aus Waldsassen ist aus den Jahren 1742/46 mit wenigen Nachträgen (in den Beständen der Provinzialbibliothek Amberg: Ms. 39a). In der Bayerischen Staatsbibliothek befinden sich Kataloge aus dem Amberger Jesuitenkolleg (Cbm Cat. 401), aus Reichenbach (Cbm Cat. 760) und Speinshart (Cbm Cat. 762, 763 u. 764). Aus Weißenohe kamen kaum Bücher nach Amberg.

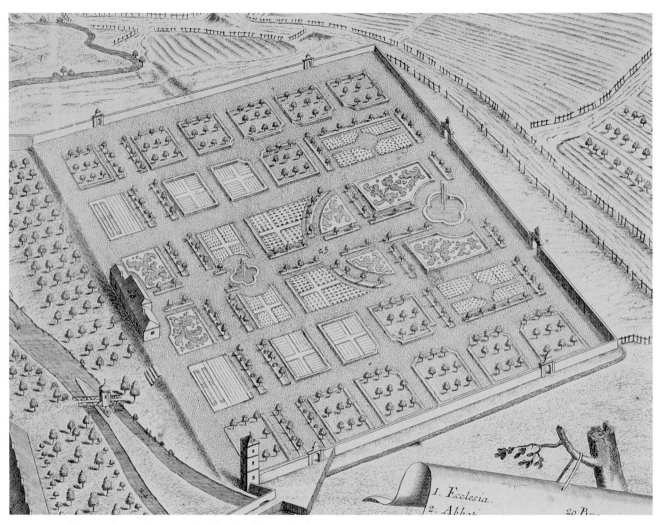

*Abb. 6: Ausschnitt aus dem Waldsassener Idealplan (s. Abb. 45), der den „Großen Garten"
und an dessen nördlichem Rand (links) die geplante Orangerie zeigt*

Zwischen Ideal und Realität – klösterliche Orangeriebauten in der oberen Pfalz

Die Waldsassener Orangerie

Am besten, wenn auch beileibe nicht erschöpfend dokumentiert ist die Orangerie in der Zisterzienserabtei Waldsassen. Abt Eugen Schmid (reg. 1724–44) ließ um 1730 den Barockgarten durch den Saganer Hofgärtner Johann Dotzauer gestalten, freilich offenbar noch ohne Orangerie.[1] Dieses Bauwerk wurde erst später errichtet.

Die hierüber erhaltenen Quellen liefern ein widersprüchliches Bild und sind in ihrem Aussagewert nicht leicht gegeneinander abzuwägen. Zum einen sind die Abbildungen und Pläne nicht datiert, zum anderen gibt es sowohl Idealansichten wie realitätsnähere Darstellungen. Nicht in allen Fällen ist von vornherein klar, welcher Kategorie eine Ansicht zuzuordnen ist. Größere Sicherheit könnten Grabungen erbringen, doch eine einigermaßen plausible Rekonstruktion ist nach Abwägung der Bildquellen ebenfalls möglich.

Eine erste Orientierung erhält man, wenn man die Darstellungen grob einteilt in solche, die vor, und solche, die nach der Säkularisation entstanden sind. Sie unterscheiden sich inhaltlich und funktional. Während es für die Zisterzienser darum ging, ihre Idealvorstellungen von einer Orangerie in Abgleich mit den realen Möglichkeiten zu verwirklichen, mussten sich die neuen Besitzer nach 1803 der real existierenden Architektur zuwenden, um diese für ihre Zwecke umzunutzen. Daher kann Darstellungen, die nach 1803 entstanden, tendenziell eine größere Realitätsnähe zugeschrieben werden.

Die älteste Darstellung ist ein Idealplan (Abb. 45, Kat. 4.2.1), den laut Impressum Anton Smichäus zeichnete und „Göz et Klauber" in Augsburg druckten. Obwohl undatiert, kann der Stich damit zwischen 1737 und 1742 eingeordnet werden, da nur in diesem Zeitraum Gottfried Bernhard Göz und Johann Baptist Klauber einen gemeinsamen Verlag unterhielten.[2] Die Graphik ist also unter Abt Eugen Schmid entstanden, der auch den Klostergarten gestalten ließ.

Der Plan präsentiert in steiler Vogelschau die Klosteranlage und in ihrem Süden den weitläufigen Konventgarten (Abb. 6). Dessen Mittelachse wird am Südende von einem großen Vierpass-Springbrunnen dominiert, im Norden aber von einem Gebäude, das die Legende unter der Nummer 28 als „Viridarium seu Domus Orangeriæ" bezeichnet. Bedingt durch die Perspektive, ist an architektonischen Details außer einem Westfenster kaum mehr als die Dachlösung erkennbar. Diese lässt eine symmetrisch-dreigliedrige Anlage mit erhöh-

Abb. 7: Der Waldsassener Klostergarten mit der Ideal-darstellung einer Orangerie auf der Tür zu einem Reliquienschrein (Kat. 2.1)

tem Mittelbau erkennen. Errichtet wurde diese Orangerie ebensowenig wie beispielsweise die Vierflügelanlage mit Festsaal um einen zweiten Innenhof westlich des Koventgevierts.

Die nächste erhaltene Darstellung ist ebenfalls undatiert. Es handelt sich um eine bemalte Türe, mit der werktags der Schrein des hl. Vitalianus verschlossen war, eines „Katakombenheiligen", dessen Gebeine am Marienaltar in der Stiftskirche ausgestellt waren. Diesen Heiligen Leib erwarb die Abtei 1750 in Rom. Bis er transferiert und am Altar arrangiert war, dürfte etliche Zeit verstrichen sein.[3] Die Tür lässt sich also frühestens auf die Jahre nach 1750 datieren.

Abb. 8: Die „Muttone-Brücke" im Waldsassener Klostergarten

Hauptmotiv der Tafel ist der lebensgroß auf einer Wolke schwebende Heilige. Zu seinen Füßen ist die Waldsassener Klosteranlage zu sehen, neben der sich vor dem Auge des Betrachters der große Klostergarten öffnet (Abb. 7, Kat. 2.1). Am Nordende der Hauptachse ragt das Orangeriegebäude empor. Es besteht aus einem Mitteltrakt, dessen verglaste Südseite von einem mächtigen Sonnenfang überwölbt ist. Aus jeder Giebelspitze des Satteldaches ragt ein Schornstein empor. Links und rechts wird der Überwinterungstrakt von niedrigeren, einstöckigen Wohn- oder Nutzbauten flankiert, verwendbar beispielsweise als Gärtnerhäuschen, aber auch notwendig zur Befeuerung der

Heizung. Diese Orangerie stimmt zwar nicht in ihren Proportionen, wohl aber in der architektonischen Struktur insgesamt mit Smichäus' Idealplan überein, unterscheidet sich jedoch von jüngeren Ansichten der Anlage. Daraus lässt sich folgern, dass die Orangerie auch in den Jahren nach 1750 noch nicht gebaut war. Das scheinbar unwesentliche Detail der Schornsteine, das auf dem Idealplan noch fehlt, deutet neben dem Sonnenfang aber darauf hin, dass man sich zu dieser Zeit mit den funktionalen Details von Überwinterungshäusern beschäftigte. Der Bau der Orangerie war wohl bereits ins Auge gefasst worden.

Dies deckt sich mit den Aussagen der Waldsassener Chronistik, wonach die Orangerie unter Abt Wigand Deltsch erbaut wurde, der von 1756 bis 1792 regierte. Der Chronist berichtet, Deltsch habe zwei Brücken errichten lassen, davon eine im Konventgarten: „Die letztere, ein sehenswerter Bau, ist mit einem Steingeländer zu beiden Seiten versehen. An den beiden Enden der Brücke legte er zwei weite und hohe Gewächshäuser mit einer Glasseite zur Aufbewahrung und zum Wachstum kostbarer Pflanzen an."[4] Die Formulierung ist unpräzise: die Orangerie befand sich an einem Ende der Brücke, bestand aber aus zwei Gebäuden. Zumindest wird angedeutet, was aus jüngeren Plänen noch deutlicher wird, auf dem Idealplan aber noch nicht vorgesehen war: dass nämlich die heute noch erhaltene „Muttone-Brücke" (Abb. 8, 11) zusammen mit den Gewächshäusern und der Gartenachse einst eine weiträumige Gesamtkomposition bildete. Die Brücke wurde nachträglich nach ihrem Erbauer, dem Waldsassener Laienbruder Philipp Muttone benannt. Leider wissen wir nicht, ob dieser „Frater Lipp" auch Urheber der Orangerie ist. Er kommt als Architekt und Baumeister jedenfalls in die engere Wahl, da er für das Stift eine ganze Reihe von Bauten errichtete, auch größer dimensionierte Objekte wie Getreidekästen und Sommerschlösser.

Die Entstehungszeit der Orangerie lässt sich nur wenig eingrenzen. 1784 besuchte der brandenburg-bayreuthische Hofmeister Johann Michael Füssel mit einer kleinen Reisegruppe junger Adeliger das Kloster und schrieb darüber in seinem Reisebericht (Kat. 2.4):

Johann Michael Füssel: Beschreibung des Waldsassener Klostergartens

„Der Hofgarten ist sehr groß, abwechselnd und schattenreich. […] Die Wandreb, in der schmackhafte Aale gefangen werden, durchströmt ihn. Zum Beweiß, wie sehr die Klöster die Kraftsuppen lieben, führe ich an, daß man hier einen ziemlich grossen Schneckenberg angelegt hat. […] Eine schöne Orangerie, viele Alleen, und Boscagen, bunte Blumengärten, mit Buchsbaum eingefaßt, und mit Steinen von allerley Farben ausgelegte freye Pläze, und 6 Springbrunnen wechseln sehr angenehm mit einander ab. […] Im Gewächshause sahen wir unter andern einen Caffeebaum. Er hatte Früchte, die den Weichseln gleichen."[5]

Abb. 9: Plan des Waldsasse-ner Klostergartens aus dem frühen 19. Jahrhundert mit wirklichkeitsnaher Ansicht des Orangerieparterres und fiktivem englischem Land-schaftsgarten (Kat. 2.2)

Damit sind die vor 1803 entstandenen Quellen bereits ausgeschöpft. Für die Rekonstruktion der Waldsassener Überwinterungshäuser ist man weitgehend auf jüngeres, anders geartetes Material angewiesen.

Undatiert ist ein Plan, der einem Akt über den Verkauf der Waldsassener Klostergebäude nach der Säkularisation beiliegt (Abb. 9; Kat. 2.2). Er muss aber bis 1829 entstanden sein, weil die Orangerie danach erhebliche bauliche Veränderungen erfuhr. Vermutlich weist er in verschiedenen Bereichen einen unterschiedlichen Realitätsgrad auf. Er zeigt im unteren, südlichen Teil eine unregelmäßige Wegführung durch einen womöglich „englischen", teilweise bewaldeten Landschaftsgarten. Der englische Garten[6] dürfte zumindest in dieser Form nie existiert haben, denn in späteren Katasterplänen[7] ist die Mittelachse des Gartens, die auf seine barocke Konzeption zurückgeht, weiterhin ablesbar; der Plan deutet sie jedoch nur noch durch blassgraue Linien an. Auch fehlen darin die beiden ehemaligen Gärtnerhäuser an der Südwest- und Südostecke des Klostergartens, die heute noch erhalten sind. Hingegen stimmt die Darstellung der Orangerie am Nordende in ihrer Konzeption und ihren Proportionen einigermaßen mit einem anderen Plan überein – abgesehen von Details wie der Zahl der Fensterachsen. Daher wird auch das in barocker Manier entworfene Parterre davor keine Erfindung des 19. Jahrhunderts sein.

Höchste Glaubwürdigkeit kommt dem anderen erwähnten Plan zu (Abb. 10; Kat. 2.3). Da dieser im Jahr 1829 als Grundlage für einen realen Umbau diente, muss es sich um eine ziemlich genaue Bauaufnahme handeln.[8] Die beiden achsensymmetrischen Glashäuser sind darauf etwa 30 Schuh (ca. 8½ Meter) tief und 72 Schuh (gut 20 Meter) breit, wirken aber durch die seitlich angebauten zweistöckigen Häuser von weiterer 30 Schuh Breite optisch noch ausladender und bilden in ihrer Gesamtheit, unterbrochen nur durch die etwa 16 Schuh breite Mitteldurchfahrt, einen über 60 Meter breiten und an die 12 Meter (42 Schuh) hohen Querriegel.

Die Überwinterungsräume sind auf der Südseite leicht nach hinten geneigt und weisen je elf Fensterachsen mit 20 Schuh, also fast sechs Meter hohen Glasflächen auf. Darüber schwingt der 13 Schuh (knapp vier Meter) hohe Sonnenfang nach vorne, der im Winter das Licht der niedrig stehenden Sonne nach unten reflektierte und auch das Glas etwas vor Hagel schützte. Im Querschnitt (auf dem Plan links unten) ist die typische Form einer Schwanenhals-Orangerie[9] erkennbar. Beheizt[10] wurden die beiden Häuser wohl jeweils von Öfen an den beiden Schmalseiten, da dort im Grundriss Rauchabzüge in den Wänden eingezeichnet sind. In der Vorderansicht sind Schornsteine aber nur auf den Firsten der Anbauten sichtbar. Diese sind als architektonisches Motiv übrigens schon im Idealplan und in der Darstellung auf der Schreintür enthalten, neu ist dagegen die Mitteldurchfahrt. Die Einbeziehung von Orangerien in eine axiale Gartengestaltung war in der Barockzeit weit verbreitet, doch wurden sie dann meist als „Point de vue" an das Ende der Achse gesetzt.[11] In Waldsassen aber bildet das Pomeranzenhaus das Entree der Gartenachse. Die Dramaturgie ihrer Besichtigung

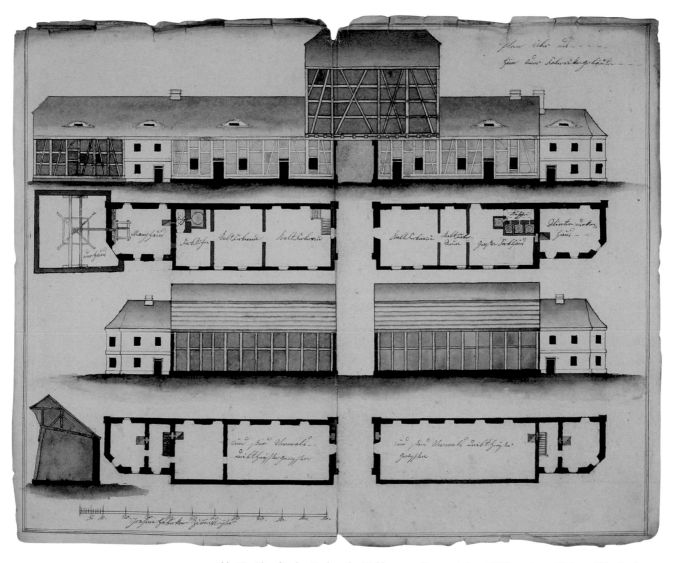

*Abb. 10: Plan für den Umbau der Waldsassener Orangerie (ca. 1828) zu einem Färb- und Trockenhaus;
unten die Orangerie, oben das geplante „Faberikengebäute" (Kat. 2.3)*

Abb. 11: Der Ausschnitt aus dem Plan des Klostergartens (Abb. 9) zeigt von oben nach unten die Komposition aus Muttone-Brücke, Orangerie und Orangerieparterre

war so etwas ungünstig, zumindest, wenn man vom Kloster her kam: Hatte man die Brücke überquert und war durch die Durchfahrt zwischen den Gewächshäusern geschritten, öffnete sich der große Garten mit dem Orangerie-Parterre im Vordergrund. Erst wenn man weiter in den Garten hineinging, konnten auf dem Rückweg auch die Orangeriegebäude optisch zur Geltung kommen. Eine vergleichbare Konzeption – eine zweiflügelige Orangerie mit Mitteldurchfahrt als Eingang in den Garten – ge-

staltete aber beispielsweise auch schon Balthasar Neumann 1733 für Schloss Seehof bei Bamberg. Vor den beiden Gewächshäusern erstreckte sich das Orangerieparterre (Abb. 11), welches, entlang großer Rabattenflächen, vor allem aber auf dem verbreiterten Mittelweg die Gelegenheit zur Aufstellung von Pflanzgefäßen mit Zitrus-Bäumchen und anderen Pflanzen in wechselnder Anordnung bot. Der Plan mit dem „Englischen Garten" legt nahe, dass sich dort große, mit Blumen oder

Abb. 12: Die Waldsassener Klosteranlage, rechts davor die umgebaute Orangerie, auf einer Illustration im „Kalender für katholische Christen" von 1867

Buchs eingefasste Rasenflächen, sogenannte „Parterres à l'Anglois" befanden, außerdem entlang des Mittelweges, auf den beiden nächstgelegenen parallelen Wegen links und rechts und auf dem zweiten rechtwinklig dazu angelegten Querweg weitere schmale, langgestreckte Rasenstreifen, in der barocken Gartenkunst „plates-bandes" genannt. Ein großer Vierpass-Springbrunnen auf der Kreuzung der Mittelachse mit dem zweiten Querweg hatte nicht nur dekorative Funktion,

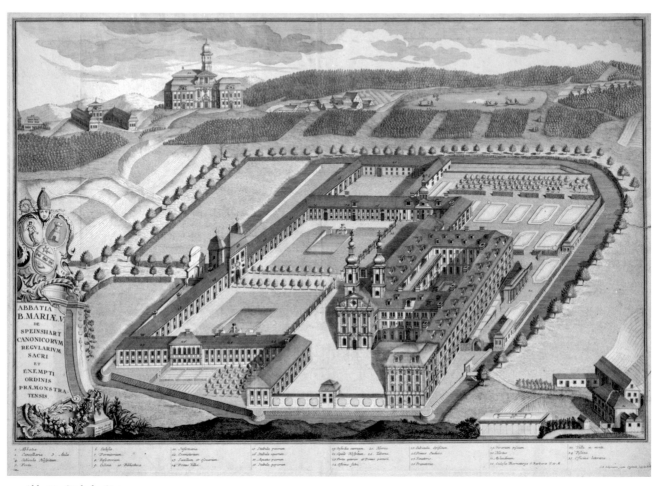

ABBATIA B.MARIÆ.V DE SPEINSHART CANONICORVM REGVLARIVM SACRI ET EXEMPTI ORDINIS PRÆMONSTRATENSIS

Abb. 13: Stich des Speinsharter Idealplans von 1749; rechts vor dem Konventgebäude die Orangerie (Kat. 2.5)

sondern erleichterte auch die Versorgung der Topfpflanzen mit Wasser.[12]

1828 erwarb der vogtländische Fabrikant Karl Friedrich Rother den Süd- und Westflügel des Konvents samt Nebengebäuden, um in der Anlage eine Kattunfabrik einzurichten, in der Baumwollstoffe gefärbt und bedruckt wurden.[13] Die ehemalige Orangerie war von vornherein als künftiges Färbe- und Trockenhaus vorgesehen. Der Umbau wurde 1829 bewilligt.[14] Dabei wurden die Glasfronten durch Wände aus Fachwerk ersetzt und der Sonnenfang abgebaut, um ein symmetrisches Satteldach errichten zu können. Über die Mitteldurchfahrt wurde ein hoher Aufbau gesetzt, wohl zum Trocknen von Stoffbahnen.

Abb. 14: Das Speisharter Orangeriequartier auf der Vorzeichnung zum Idealplan, 1. Drittel 18. Jahrhundert (Kat. 4.1.1)

Abb. 15: Das Orangerie-quartier im Speinsharter Idealplan (vgl. Abb. 13)

Das Haus wurde zusammen mit Teilen des Konventbaus 1864 an die Zisterzienserinnen von Seligenthal in Landshut verkauft, die in Waldsassen ein Frauenkloster einrichteten.[15] Auf Ansichten des späten 19. Jahrhunderts ist das Bauwerk noch erkennbar (Abb. 12),[16] ebenso auf den Katasterkarten von 1868 und 1882,[17] doch wurde das „Fabrikgebäude" bereits in den Jahren vor 1877 abgerissen.[18]

Die Orangerie im Speinsharter Idealplan

In Speinshart ist das Pomeranzenhaus nie über eine Planungsphase hinausgekommen.[19] Man findet es lediglich auf einem Idealplan, der nur teilweise realisiert wurde (Abb. 13; Kat. 2.5). Gestochen 1749 in Nürnberg von Johann Seligmann, beruht er (mit nur geringen Abweichungen) auf einer zweiteiligen Vorzeichnung aus dem ersten Drittel des Jahrhunderts (Kat. 4.1.1).[20] Das Blatt mit der Darstellung des klösterlichen Kernbereichs „verweist in seiner Architektursprache in die Jahre nach 1720 und ist mainfränkisch, d. h. Dientzenhoferscher Provenienz."[21]

Geplant war danach zeitweise Folgendes (Abb. 14 u. 15): In geringem Abstand vor der Südseite des Konventbaus ist im Abteigarten ein einstöckiges freistehendes Gebäude zu erkennen. Der prismatische Baukörper mit Walmdach weist sechs Achsen mit hohen Fensterflächen auf, die durch Lisenen voneinander getrennt werden. Schornsteine sind nicht eingezeichnet – es interessierte nur der dekorative, nicht der funktionale Aspekt. Vor dem Überwinterungshaus umrahmen Broderien einen freien Platz, wohl ein Orangerieparterre. Die Klostermauer im Süden und Westen sowie Spaliere im Norden und Osten grenzen den Bereich optisch ab und schaffen so ein eigenes Orangeriequartier. Es ist nicht auszuschließen, dass auch die beiden südwestlich und südöstlich angeordneten Gebäude zur Überwinterung von Pflanzen dienen sollten, doch gibt es darüber keine Informationen.

Innerhalb der gesamtarchitektonischen Konzeption überzeugt die Platzierung zwischen Konventstock und Klostermauer nicht. Zum einen war der Raum zu beengt, eine repräsentative Wirkung ließ sich hier kaum entfalten. Zum anderen hätten sich die kompositorischen Einfälle in der Realität einer sinnlichen Wahrnehmung verweigert: Die Mittelachse der südlichen Gebäudefassade schneidet sich zwar mit einer der Hauptachsen der Klosterarchitektur, einer Linie, die über den Zufahrtsweg durch das Tor auf die Klostergebäude zuführt und dann durch den Mittelpunkt des Kreuzgartens und eben das Pomeranzenhaus verläuft. Doch handelt es sich dabei um eine Kopfgeburt; nicht um eine Sichtachse, sondern um ein rein intellektuelles Konstrukt. Mit Waldsassen vergleichbar ist die Idee, das Kalthaus als festen Bestandteil der axialen Komposition an den Anfang, nicht an das Ende der hier sehr kurzen Blickachse vom Gebäude in den Garten zu positionieren.

Das Michelfelder Glashaus

Im Unterschied zu Waldsassen und zum Speinsharter Idealplan ist das Glashaus im Benediktinerkloster Michelfeld keine Konstruktion aus Mauerwerk, sondern ein hölzerner, an eine Mauer angelehnter Zweckbau, abseits der architektonischen Achsen gelegen und ohne intendierte optisch-ästhetische Wirkung. In einem Plan von 1801/02 ist er als „Glashaus aus Holz" bezeichnet und weist einen Grundriss von etwa 41,5 x 18,5 Schuh auf, [22] das sind ca. 12 x 5 Meter. Aus einer Klosteransicht, die der Banzer Benediktiner Johann Baptist Roppelt 1788 zeichnete (Abb. 16 u. 17; Kat. 2.6), wird ersichtlich, dass die Konstruktion eine nach hinten geneigte Fläche von vier Fensterfeldern und darüber einen großen Sonnenfang aufwies. Dem Typus nach handelt es sich um ein Orangerie-Gewächshaus in einem eigenen Orangerie-Quartier, wie es seit etwa 1730 in Mode war. [23]

Wenn es in einer Aufstellung der Klosterimmobilien 1804, kurz nach der Säkularisation, heißt, „die Abteÿ wohnung […] könnte samt dem garten […] und […] dem glas-haus veräußert werden", [24] so deutet sich an, dass die Prälatur, der Garten und damit auch das Glashaus als funktionale Einheit verstanden wurden, sprich: gemeinsam (repräsentative) Aufgaben erfüllt hatten. Das Glashaus konnte dies freilich nicht durch seine rein pragmatische Architektur leisten, sondern allein durch die Überwinterung repräsentativer Kübelpflanzen. Von dem Bau gibt es heute keine Überreste mehr.

Kat. 2.1: Darstellung einer Idealvorstellung der Waldsassener Orangerie auf einem Reliquienschrein (Abb. 7)

unbekannter Maler: Tür zum Reliquienschrein des hl. Vitalianus auf dem Waldsassener Marienaltar, nach 1750 (Abbildung: Ausschnitt)

Original im Stiftlandmuseum Waldsassen

Kat. 2.2: Der Waldsassener Klostergarten im frühen 19. Jahrhundert – barockes Orangerieparterre und „englischer Landschaftsgarten" (Abb. 9 u. 11)

anonymer Plan, Anfang 19. Jh.

StA AM: Rentamt Waldsassen 218

Abb. 16: Ansicht der Michelfelder Klosteranlage aus dem Jahr 1788 von J. B. Roppelt; das Glashaus ist unter der rechten Ecke der Klosterfront zu sehen (Kat. 2.6)

Abb. 17: Der Ausschnitt aus Roppelts Zeichnung (vgl. Abb. 16) zeigt das Michelfelder Glashaus

Kat. 2.3: Ein Umbauplan zeigt in der unteren Hälfte die ehemalige Waldsassener Orangerie (Abb. 10)

Joachim Haberkorn: Plan über das […] Faberiken-gebäute, wohl 1828

StA AM: Landgericht älterer Ordnung Waldsassen 307 1

Kat. 2.4: Der Waldsassener Klostergarten aus der Sicht eines protestantischen Geistlichen

[Füssel, Johann Michael:] Unser Tagbuch oder Erfahrungen und Bemerkungen […] auf einer Reise durch einen großen Theil des Fränkischen Kreises nach Carlsbad und durch Bayern und Passau nach Linz. Bd. 1, Erlangen 1787, 194f.

SB BA: RB.Geogr.it.o.3

Kat. 2.5: Die Speinsharter Orangerie blieb ungebaut (Abb. 13 u. 15)

Johann Seligmann: Idealplan des Klosters Speinshart, Nürnberg 1749

GNM N: HB 27404

Kat. 2.6: Das „Glashaus" in der Michelfelder Klosteranlage (Abb. 16 u. 17)

Johann Baptist Roppelt: Abriß des Klosters Michelfeld […] 1788

StA AM: Risse 47

Anmerkungen

1 Binhack 1888, 114ff., 156.
2 Isphording 1982, 381.
3 Treml 2000, 27.
4 Binhack 1896, 8.
5 Kat. 2.4, 193–195.
6 Als solchen bezeichnete ihn auch der Ex-Mönch Dionysius Hueber nach der Säkularisation; Binhack 1888, 156.
7 S. beispielsweise VA WEN (TIR): Ortsblatt von Waldsassen, Fortführungskarte c) umgraviert 1894.
8 Es muss sich um den Plan handeln, der in einem Archivale vom 26.3.1829 erwähnt ist; vgl. StA AM: Landgericht älterer Ordnung Waldsassen 307, Nr. 17.
9 Tschira 1939, 80ff.
10 Vgl. Hamann 1999.
11 Tschira 1939, 33ff.; Balsam 1996, 92ff.; dies. 1999, 37f. Hamann 1996, 71f.
12 Zur typischen Gestaltung von Orangerie-Parterres s. Günther 2001.
13 Treml 2008, 90ff. Der Kaufvertrag wurde erst 1830 beurkundet; s. StA AM: Rentamt Waldsassen 370.
14 StA AM: Landgericht älterer Ordnung Waldsassen 307, Nr. 14, 16f.
15 Treml 2008, 103f.
16 Kalender 1867, 74; s. auch ein Ölbild „um 1900" im Pfarramt Fürstenfeldbruck, abgebildet in Klemenz 1997, neben S. 240.
17 VA WEN (TIR): Ortsblatt von Waldsassen, Fortführungskarte a) umgraviert 1868; Fortführungskarte b) umgraviert 1882; nicht mehr auf der Fortführungskarte c) umgraviert 1894.
18 VA WEN (TIR): Operat 40/1877.
19 Ob dennoch mediterrane Pflanzen vorhanden waren und durch eine improvisierte Überwinterung am Leben gehalten wurden, wäre eventuell durch eine zeitaufwendige Sichtung der Speinsharter Rechnungsbücher im StA AM zu klären.
20 850 Jahre Prämonstratenserabtei Speinshart 1996, 61f.
21 Ebd., 59.
22 BHStA M: Plansammlung 3016.
23 Zu diesem Typus s. Balsam 1999, 40f.; Hamann 1996, 72f.
24 StA AM: Rentamt Auerbach 1.

Abb. 18: Die Zitronat-Zitrone und zwei Pomeranzen-Sorten im „HORTVS EYSTETTENSIS" (Kat. 3.2)

Das Sortiment der Waldsassener Orangeriepflanzen

Das Inventar der Waldsassener Bestände

Die ehemaligen Michelfelder Orangeriebestände kennen wir leider nicht. Aus Speinshart wissen wir lediglich, dass es dort einige Pflanzen gab, denn ein Versteigerungsinventar von 1804 erwähnt dort unter anderem „4 kleine hölzene Kübel mit eisernen Reifen, 2 große deto zu Bomeranzenbäumen".[1]

Anders ist die Situation in Waldsassen. Von dort ist ein Verzeichnis erhalten, das zugleich Dokument des Bestandes wie seiner Vernichtung ist. Das Inventar wurde 1803 nach der Klosteraufhebung erstellt und sollte als Grundlage einer öffentlichen

Verzeichniß

Der verkaufbaren Stüke aus der Orangerie und dem Stift Waldsassischen Kloster Garten.
Verfaßt Waldsassen den 13. April 1803.

Nro.	Eidliche Schätzung		Verkaufs Objeckt.
	fl.	*X.*	
1.	6	-	*6 süße Pommeranzen bäum in hölzenen mit 2 eisernen Reiffen beschlagenen Kübeln.*
2.	6	-	*6 derleÿ weitere.*
3.	6	-	*6 derleÿ weitere.*
4.	6	-	*6 derleÿ weitere.*
5.	3	-	*3 derleÿ weitere.*
6.	4	30	*6 bittere Pommeranzenbäum ebenfalls in Kübeln, und mit eisernen Reiffen beschlagen*
7.	4	30	*6 derleÿ weitere.*
8.	4	30	*6 derleÿ weitere.*
9.	1	12	*3 junge bittere Pommeranzen in erdenen Gefässen.*

Nro.	Eidliche Schätzung		Verkaufs Objeckt.
	fl.	X.	
10.	4	30	6 Citronen bäum in hölzernen Kübeln, und mit Eisen beschlagen.
11.	4	30	6 Deto.
12.	4	30	6 Deto.
13.	3	45	5 Deto.
14.	1	12	6 junge Citronenbäum in erdenen Geschier.
15.	1	12	6 Deto.
16.	1	12	6 Deto.
17.	1	-	5 Deto.
18.	-	15	junge wilde Citron von Kernen in 5 erdenen Gefässen.
19.	-	15	3 derleÿ weitere.
20.	-	12	4 derleÿ weitere.
21.	-	36	6 Feigenbäum theils in erdenen, theils in hölzenen Geschieren.
22.	-	36	6 derleÿ weitere.
23.	-	3	1 Granaten-baum.
24.	-	12	4 Stük Viburnum tinus.
25.	-	45	3 Stük von Pronuslauro-cerasus.
26.	-	45	3 Deto weitere.
27.	-	20	2 Stüke von ÿucca gloriosa.
28.	-	15	5 Lorber Stauden.
29.	-	40	2 Lorber Bäum.
30.	-	20	1 Zwerg castani.
31.	1	-	1 vergoldeter Buxbaum.
32.	-	15	1 Stük Nerium oleander.
33.	-	15	1 Stük Cupressus Semper Virens.
34.	-	2	2 Judenkersch Stauden.
35.	-	3	1 Stük genista
36.	-	9	3 Stük Cactus flagelliformis.
37.	-	27	9 Stük zerschiedene Alae.
38.	-	3	1 Stük Portulaca.
39.	-	21	2 sogenannte Geißfüß, und 2 Haken zum tragen der Orangerie Bäum.
40.	-	12	4 weitere derleÿ Haken.
41.	-	30	1 blechenerHausfahnen.

Nro.	Eidliche Schätzung		Verkaufs Objeckt.
	fl.	*X.*	
42.	4	-	6 grosse Fensterflügel vom Glaßhaus jeder mit 40 meistens verstokten Glaßtafeln.
43.	4	-	6 Deto.
44.	4	-	6 Deto.
45.	4	-	6 Deto.
46.	4	-	6 Deto.
47.	1	20	2 Deto.
48.	-	40	4 einschichtige jedes zu 10 Tafeln.
49.	2	30	5 derleÿ mit 24 aber vielfach zerbrochene Tafeln.
50.	-	24	4 gewölbte Glaßfenster ad 6 Tafeln.
51.	1	12	12 alte Fensterrammen ohne Gläser.
52.	2	36	13 derleÿ neue ohne Gläser, und unbeschlagen.
53	-	15	1 Fenster worin noch 15 Gläser.
S.	100	51	

Versteigerung dienen, wozu eine amtliche Schätzung des Wertes der einzelnen Lose vorgenommen wurde (Kat. 3.1).[2]

Die Liste bildet einen sehr charakteristischen Bestand von Orangeriepflanzen ab, die im Folgenden etwas näher charakterisiert werden. Dabei sollen weniger die botanischen Eigenschaften als vielmehr kulturelle Aspekte im Mittelpunkt stehen. Für eine klösterliche Orangerie muss dabei berücksichtigt werden, dass die Besitzer gut mit den biblischen Texten (in der lateinischen Fassung der Vulgata) vertraut waren und in den Pflanzen neben ihrer verbreiteten weltlichen Symbolik auch noch eine geistliche Bedeutungsebene sehen konnten.

Die Pflanzen im einzelnen

„süße Pommeranzen"

Den Reigen exotischer Pflanzen eröffnen im Waldsassener Inventar 27 „süße Pomeranzen", gefolgt von 21 „bitteren". Erst um 1780 begann man Orangen in Spanien als Tafelobst anzubauen.[3]

Doch dass der Geschmack als Unterscheidungskriterium dient, deutet wohl darauf hin, dass man in der Waldsassener Orangerie Früchte zur Reife bringen und sie verzehren konnte. Deswegen wurden die kulinarisch vielseitiger verwendbaren „süßen Pomeranzen" wohl auch auf sechs Gulden für das halbe Dutzend veranschlagt, die bitteren aber auf ein Viertel weniger. Im Inventar sind die Pflanzen in Sechser-Gruppen eingeteilt – vermutlich weil man

haben muß. Er will haben ein warmes Land/ welches Ursach ist/daß er in unsern Landen
nicht fast wächst. Wird doch durch Wartung und Fleiß auch in etlichen Orten unsers
Teutschlands nunmehr funden. Von diesen ist ein ænigmaticus Versus/also lautend:
Medica mala quidem, nec mala, nec Medica.

Citrinatenbaum.   Limonenbaum.

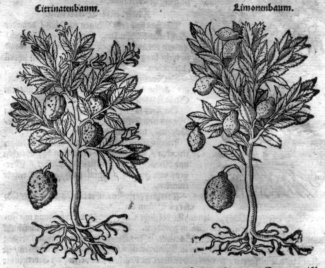

Der Baum grünet für und für/bey nahe mit Lorbeerblättern/und Dornen zwischen
den Aesten. Die Frucht wäret über Jahr/und trägt er allzeit Frucht/also/daß wann die erste zeitig sind/alsbald andere denen nachfolgen/welche hernach zeitigen/und nach densel-
bigen wiederum andere sich erzeigen/und herfür kommen. Die Gestalt dises Apfels ist runtz-
lecht/lang und zu Zeiten rund/golffärbig/eines lieblichen Geruchs/am Geschmack sauer/
die Kern sind bitter. Es gedenckt deren auch Vergilius in secundo Georg. da er saget:

Media fert tristes succos,tardúmque saporem
Felicis mali: quo non præsentius ullum,
(Pocula si quando sævæ infecere novercæ,
Miscueruntque herbas,& non innoxia verba)
Auxilium venit, ac membris agit atra venena.

Ipsa ingens arbos,faciémque simillima lauro:
Et si non alium latè jactaret odorem,
Laurus erat : folia haud ullis labentia ventis,
Flos apprimè tenax : animas & olentia Medi
Ora fovent illo & senibus medicantur anhelis.

geschlecht. Etliche theilen sie in vier Geschlecht / welcher Unterschied auß der Pflantzung genommen wird. Die Goldfärbige nennen sie Aurengia. Die Grüngeele Citreola, und
Citrula. Welche eine lange runde Gestalt/wie die Eyer haben/wann sie geel sind/nen-
nen sie Citrangula, und insonderheit Citria. Welche aber Graßgrüne Farb haben/wer-
den von ihnen Limones, Limonen/ Ital. Limoni. Gallicè, Limones. Hispan. Limones genannt. Welche groß werden wie die Melonen/ und rund / diese nennen sie Ponceria.
Es sind doch alle Namen von dem Citro genommen. Dieses Baums Pflantzung und
Wartung beschreibet Ruellius lib. 1.c.69.

Natur oder Complexion.

Die Rinde der Citronäpffel ist trucken im dritten Grad. Das Fleisch oder Marck im
Apfel ist kalt und feucht im ersten Grad. Das saure Theil ist kalt im dritten Grad.
Den Samen machen etliche warm und trocken im dritte/andere aber im andern Grad.
Krafft-

sich von solchen Gebinden den größten Verkaufs-
erfolg bei der Versteigerung erhoffte.

Süße Pomeranzen sind nach heutigem Sprachgebrauch Orangen (Citrus sinensis).[4] Die synonyme
Bezeichnung „Apfelsine" birgt in sich noch das
lateinische Adjektiv „sinensis", also „chinesisch",
und damit einen Hinweis auf das Herkunftsland der
Pflanze, wo sie schon vor über 4000 Jahren kulti-
viert wurde. Heute geht man davon aus, dass sie
nicht vor dem 16. Jahrhundert in Europa, genauer,
in Portugal, eingeführt wurde, von wo aus sie sich
dann am Mittelmeer schnell ausbreitete. Zahlreiche
Sorten wurden gezüchtet, und der Glanz einer
Orangerie konnte nicht zuletzt darin bestehen,
möglichst viele unterschiedliche Varietäten zu
besitzen.

Dass in den mitteleuropäischen Sammlungen exotischer Pflanzen gerade die Zitrusarten zu den Leit-
und Charakterpflanzen wurden, ist durch ihre kom-
plexe Symbol- und Kulturgeschichte bedingt. Die
erste Zitrusfrucht, die in Europa im Zuge der Erobe-
rungszüge Alexanders des Großen durch Persien
bekannt wurde, war die Zedrat- oder Zitronat-Zitrone (Citrus medica), die Theophrast im 4. Jahrhundert v. Chr. wissenschaftlich beschrieb. Sie wurde in
der Antike gleichgesetzt mit den Goldenen Äpfeln,
die im Garten der Hesperiden wuchsen und Un-
sterblichkeit verliehen. Eine der Aufgaben von He-
rakles/Herkules war es, diese Früchte zu rauben.
Als der Jesuit Giovanni Battista Ferrari mit seinem

*Abb. 19: Zitronat-Zitrone und Zitrone in A. Lonicers
„Vollständigem Kräuter-Buch" (Kat. 3.3)*

Werk „HESPERIDES SIVE MALORVM AVREORVM CVLTVRA ET VSVS" (Rom 1646) die Ur-Schrift der europäischen Zitrus-Literatur verfasste, ging er vom antiken Hesperiden-Mythos aus.[5] Während des Aufschwungs der mitteleuropäischen Orangeriekultur war das Interesse zunächst auf Geschmack, Duft und medizinische Wirkung der Zitruspflanzen gerichtet. Jedoch flossen die mythologischen Überlieferungen immer stärker in ihre Symbolik ein. Pomeranzen versinnbildlichten humanistische Bildung. Und mehr noch: Ein Fürst, der den äußeren klimatischen Umständen zum Trotz Zitrusfrüchte in seinen Garten holte, war ein zweiter Herkules, eine Figur, die ohnehin als die Verkörperung von Herrschertugenden gesehen wurde. Die Medici und die Oranier führten Zitrusfrüchte im Wappen – es handelte sich somit um wahrhaft fürstliche Pflanzen (Abb. 2, 5, 18; Kat. 3.2, 3.3).

„bittere Pommeranzenbäum"
Zu den Orangen kam in Waldsassen eine etwas kleinere Menge an Pomeranzen (Citrus aurantium).[6] Der Name der Früchte geht auf den lateinischen Ausdruck „Poma aurantia" zurück und bedeutet „Goldapfel". Gebräuchlich ist auch die Bezeichnung „Bitterorange". Sie kam um die vorletzte Jahrtausendwende in den Mittelmeerraum und wurde wegen ihrer Schönheit und ihres Aromas bald populär (Abb. 2, 5, 18; Kat. 3.2, 3.3). Die Pflanzkübel der großen Waldsassener Exemplare

Abb. 20: „Sie hefteten Feigenblätter zusammen und machten sich einen Schurz" (Gen 3,7b); die Feige in J. J. Scheuchzers „PHYSICA SACRA" (Kat. 3.4)

TAB. XXIX.

GENESIS Cap. III. v. 7.
Ficus Folium Nuditatis Tegmen.

I. Buch Mosis Cap. III. v. 7.
Das Feigenblatt ein Decke vor die Blöße.

H. Sperling sculp.

(wie auch die der Apfelsinen) waren aus Holz und mit Eisenbeschlägen versehen. Laut Inventar gab es in Waldsassen „2 sogenannte Geißfüß, und 2 Haken zum tragen der Orangerie Bäum" und „4 weitere derleý Haken", da sie sonst nicht bewegt werden konnten. Kleinere Bäumchen und Büsche, die sich auch ohne Hilfsmittel transportieren ließen, pflanzte man in Waldsassen in „erdenen Gefässen" ein.

„Citronen bäum"

Mindestens 58 Zitronenbäumchen (Citrus limon) gab es 1803 in der Waldsassener Orangerie.[7] Das Inventar listet die größeren Exemplare in Sechser-Gruppen auf und differenziert weiter: 23 Bäume waren offenbar älter und größer und wurden in hölzernen Pflanzgefäßen gehalten, 23 weitere werden als „junge Citronenbäum" bezeichnet und standen in Keramiktöpfen. Das Kloster hatte sie als veredelte Handelsware erworben. Dies wird an den nächsten Inventarposten ersichtlich, die insgesamt 12 Pflanzgefäße mit „jungen wilden", aus Kernen selbst gezogenen Zitronen aufzählen.

Die Pflanze stammt aus frostfreien Lagen des südlichen Himalaya und wurde möglicherweise von den Arabern zwischen dem 10. und 13. Jahrhundert in den Mittelmeerraum gebracht. In der christlichen Geisteswelt wurde die Zitrone einerseits als Reinheitssymbol gesehen, was ihre Verwendung als Marienattribut erklärt. Andererseits konnte sie als negatives Sinnbild für Sünde und Tod gesehen werden, da man sie zuweilen mit den Früchten vom Baum der Erkenntnis identifizierte.

Im Lauf der Frühen Neuzeit überwog die Wertschätzung zusehends das Misstrauen, und so gehörte sie von Anfang an zum Kernbestand des Orangeriesortiments. Zitronen wurden aber auch in größerem Umfang importiert und waren auf den Märkten für medizinische und kulinarische Bedürfnisse verfügbar. In vielen Gegenden Deutschlands konnten sie deswegen seit dem 17. Jahrhundert in das Volksbrauchtum bei Taufen, Hochzeiten und Beerdigungen einbezogen werden (Abb. 19; Kat. 3.3).

„Feigenbäum"

Feigen (Ficus carica) gehörten zu den pflegeleichtesten Orangeriepflanzen, die mit großer Zuverlässigkeit fruchteten.[8] Sie wurden in Deutschland daher bereits seit der zweiten Hälfte des 16. Jahrhunderts gezogen, um den Speisezettel zu bereichern. Auch die Klöster folgten diesem Trend. So wurde im Benediktinerstift Kremsmünster schon 1638–40 ein abschlagbares Feigenhaus errichtet.[9] In Aufzeichnungen vom Jahr 1787 aus der bayerischen Benediktinerabtei Rott am Inn ist zu lesen: „Feigen erhielt man viele und schöne von den in Töpfe gesezten Bäumen".[10] Man wird annehmen dürfen, dass auch die zwölf Waldsassener Feigenbäume nicht zuletzt dafür angeschafft worden waren.

Außerdem waren sie aber auch wegen ihrer Symbolik interessant. Die Feige ist die erste in der Bibel genannte Pflanze – im Zusammenhang mit dem Sündenfall in Gen 3,7. Sie gehörte sodann zu den „sieben Arten",[11] die nach Dtn 8,8 in Kanaan, einem „Land mit Weizen und Gerste, mit Weinstock, Feigenbaum und Granatbaum, ein Land mit Ölbaum und Honig", gediehen und Ausdruck für den Segen Gottes waren. Auch an anderer Stelle steht die Feige zusammen mit dem Weinstock (Mi 4,4)

EX PLINIO.

Siser erraticum satiuo simile est & effectu. Stomachum excitat, fastidium discutit. Ex aceto laserpitiato sumptum, aut ex pipere & mulso, vel ex garo vrinam ciet, vt Opion credit, & Venerem. In eadem sententia est Diocles. Prætea rea cordi conuenire conualescentium, aut post multas vomitiones perquàm vtile. Heraclides contra argentum viuum dedit, & Veneri subinde offensanti, ægrisque se recolligentibus. Satiui priuatim succus cum lacte caprino potus sistit aluum.

ADNOTATIO.

Sisarum pingit quod in hortis hodie est frequentißimum, Panacis nomine à Cheruilla dicta diuersum, quæ huic Siser est satiuum.

De Syce. CAP. CCLXXXIX.
NOMINA.

Συκῆ ἥμερος Græcis, Ficus satiua Latinis & officinis. Germanis **Feigenbaum** [Gallis *Figuier*] dicitur.

FORMA.

Ficus satiua arbor est non magnopere procera, quanquam amplissimæ quædam inueniantur, vel pyris æmulæ magnitudine: caudice breui, cortice læui, medulla carnosa, folio perquàm magno vmbrosoque, profundè admodum

Ficus satiua.

Y iiij

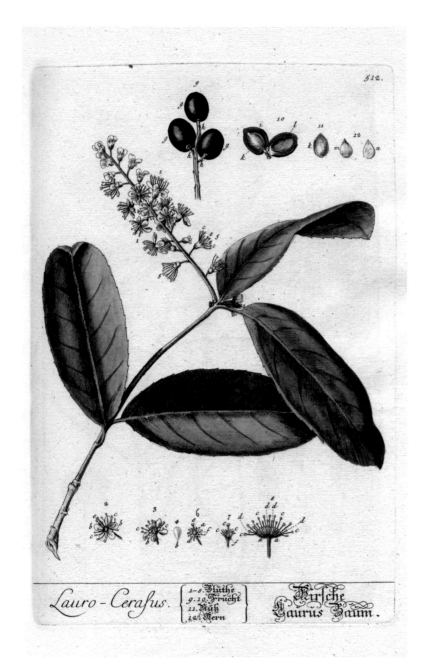

Lauro-Cerafus. [1–8. Blüthe / 9.10. Frücht / 11. Nüß / 12. Kern] *Kirsche Laurus Baum.*

und dem Granatapfel (Num 13,24) für Frieden und Wohlergehen. In der Bilderwelt der Wortverkündigung Jesu kommt sie mehrfach vor (Mt 24,32; Mk 13,28; Lk 13,6–9).

Andererseits hat die Feige aber auch eine negative Konnotation von Obszönität, Unreinheit und Unheil. In der Literatur der Griechen und Römer und demzufolge auch im frühneuzeitlichen Bildungsgut ist sie regelmäßig vertreten, und so war sie ihren neuzeitlichen Lesern bereits aus der Literatur gut vertraut, auch ihre ambivalente Sinnbildlichkeit (Abb. 20 u. 21; Kat. 3.4, 3.5).

„Granaten-baum"

Der Granatapfel (Punica granatum) gehörte zu den Standardpflanzen in Orangerien.[12] Seit der griechischen Antike war er Sinnbild für Fruchtbarkeit und Leben. Außerdem war er wie die Feige eine der „Bibelpflanzen". Vor der Landnahme brachten Kundschafter dem Volk Israel neben einer riesenhaften Weintraube Granatäpfel und Feigen und bewiesen so die Fruchtbarkeit des Gelobten Landes (Num 13,24). Er war daher auch eine der „Sieben Arten" nach Dtn 8,8. Sodann spielt der Granatapfel eine nicht unbedeutende Rolle im Hohenlied als Symbol für die Schönheit der Braut (Hld 4,3.13; 6,7), den Genuss (Hld 8,2) und die sexuelle Vereinigung (Hld 7,13). Granatapfel-Motive gehörten im Alten Testament zudem zum Schmuck der priesterlichen Gewänder (Ex 28,34 u. ö.) und des salomonischen Tempels

Abb. 22: Die Lorbeer-Kirsche im „HERBARIVM BLACKWELLIANVM" (Kat. 3.7)

(1 Kön 7,18; 2 Chr 3,16 u. ö.). So verwundert es nicht, dass der Granatapfel zur beliebtesten und verbreitetsten religiösen Symbolfrucht des Orangeriesortiments wurde (Abb. 34–37; Kat. 3.6).

„Viburnum tinus"

Der Lorbeerblättrige oder Mittelmeer-Schneeball (Viburnum tinus) gehörte zu den „Klassischen Pflanzen", also zu jenen, die in der antiken Literatur erwähnt wurden und daher in der barocken und nachbarocken Zeit durch das humanistische Bildungsgut geläufig waren.[13] Weder medizinisch noch symbolisch war er von größerer Bedeutung.

„Pronuslauro-cerasus"

Auch die immergrüne Lorbeer-Kirsche (Prunus laurocerasus), damals noch nicht in winterharten Sorten verfügbar, war eine der beliebten Orangeriepflanzen, die man im 16. Jahrhundert neu aus dem Orient eingeführt hatte (Abb. 22; Kat. 3.7).[14]

„yucca gloriosa"

„YUCCA GLORIOSA, sive Indica, ist ein Americanisches Gewächs, oder eine bäumige Staude, ohngefehr zwey Fuß hoch ... Die Blüthe steiget mitten aus dem Hertzen des Stammes heraus, mit einem zwey bis drittehalb Fuß hohen Stängel, pyramidalisch", liest man bei Zedler.[15] Die Kerzen-Palmlilie aus der Agaven-Familie war schon im 17. Jahrhundert als typische Neuweltpflanze des Orangeriesor-

Abb. 23: „Yucca filamentosa" in J. Zorns „Amerikanischen Gewächsen nach Linneischer Ordnung" (Kat. 3.8)

Claß. 6. Tab. 113.

Yucca filamentofa . L.

timents weit verbreitet und kostengünstig zu haben.[16] „Der Artzneyliche Gebrauch ist bey uns unbekannt, und das Gewächs wird nur zur Lust in den Gärten erhalten".[17] Zorn zeigt in seinem Tafelwerk über amerikanische Gewächse eine verwandte Art, die Fädige Palmlilie oder Yucca filamentosa, die sich von der Kerzen-Palmlilie allerdings durch Fasern an den Blatträndern und das Fehlen eines Stammes unterscheidet (Abb. 23; Kat. 3.8).

„Lorber Bäum"
Lorbeerbäume[18] (Laurus nobilis) waren nach den Pomeranzen und Zitronen die häufigsten Orangeriepflanzen. Der Lorbeer war aus der antiken Literatur durch den Mythos der Daphne geläufig: Die Nymphe ließ sich von ihrem Vater Peneios in einen solchen Baum verwandeln, um den Nachstellungen des Gottes Apoll zu entgehen. Der Brauch, Sieger mit Lorbeer zu bekränzen, wurde später christianisiert, die Pflanze stand nun sinnbildlich für den Sieg Christi über Sünde und Tod. Doch man kannte sie auch als Gewürz- und Medizinalpflanze. Der Import der Blätter über die Alpen war wegen ihrer guten Konservierbarkeit unproblematisch (Abb. 24; Kat. 3.9).

„Zwerg castani"
Der Zwergbaum hatte in der Gartenkultur des 18. Jahrhunderts einen festen Platz, ist aber von den Gartenhistorikern bisher noch wenig beachtet worden. Nach Zedler ist es „ein Baum, der durch besondere Pfropf- und Wartung also gezogen, daß er keinen Stamm in die Höhe treibe, sondern bald über der Wurtzel sich in Zweige ausbreite, und

nichts destoweniger viele und gute Früchte bekomme."[19] Adelung hat hier offensichtlich abgeschrieben, führt aber außerdem die „Zwerg-Kastanie", „eine Art kleiner Kastanien-Bäume", als eigenes Lemma.[20]
Ungeklärt bleibt die Frage, um welche Spezies es sich eigentlich handelte. Die Esskastanie (Castanea sativa) wurde zum Verzehr und in der Heilkunde verwendet und war schon von den Römern über die Alpen gebracht worden.[21] Den oft harten Oberpfälzer Frösten waren die Bäume wohl nicht gewachsen, so dass ihre Überwinterung sinnvoll war. Als Symbolpflanze konnte die Kastanie wegen ihrer hohen Lebenserwartung für Beständigkeit und Stärke stehen, wegen ihrer durch die Stachelschale geschützten Frucht für Tugend und Keuschheit. Vielleicht handelte es sich aber auch um eine Ross-Kastanie (Aesculus hippocastanum).[22] Dieser Baum war im 16. Jahrhundert aus Asien eingeführt worden. Heute kennt man ihn aus jedem Biergarten, doch zunächst herrschte noch längere Zeit Unsicherheit über die Frostverträglichkeit dieser Pflanze (Abb. 25; Kat. 3.10).

„vergoldeter Buxbaum"
Buchsbaum (Buxus sempervirens) wurde in Barockgärten in großen Mengen benötigt, diente er doch wegen seiner herausragenden Schnittverträglichkeit als wichtiges Gestaltungsmittel der Broderien, also der ornamental gemusterten Gartenflächen. Doch wurde er auch zu medizinischen Zwecken verwendet. Er gehörte zu den klassischen Pflanzen und stand als immergrünes Gewächs für die Überwindung des Todes. Da er in einigen Ge-

genden Deutschlands in den Palmbuschen einge-
bunden war, der am Palmsonntag geweiht wurde,
galt er als Abwehrmittel gegen den Teufel, was
auch in Bocks Buchsbaum-Bild zum Ausdruck
kommt[23] (Abb. 26; Kat. 3.11).

Auf besondere Aufmerksamkeit stießen aber immer Varietäten, die aus dem Rahmen fielen. Zu
den typischen Kübelgehölzen des Barock gehörte
nach Wimmer daher „Buxus deauratus" oder
„Aureomarginata"[24], also Buchsbaum mit grün-
gelb panaschierten Blättern. Zedlers „UNIVERSAL-
LEXICON" beschreibt ihn wie folgt: „Vergüldeter
Buchs-Baum, Buxus deaurata arborescens, hat die
Blätter umher mit einem gelben und gleichsam
vergüldeten Rand eingefasset, wächst viel höher,
als der gemeine Buchs-Baum".[25]

„Nerium oleander"
Der Oleander (Nerium oleander) gehörte als
„klassische Pflanze" zu den typischen Orangeriegewächsen, war allerdings meist nicht in großer
Stückzahl vorhanden.[26] Eine medizinische Beschreibung findet man beispielsweise in Fuchs' Naturgeschichte der Pflanzen (Abb. 27; Kat. 3.12).[27]

„Cupressus Semper Virens"
Mit Cupressus sempervirens[28] als immergrünem
Charakterbaum mediterraner Berghänge zog in
die Orangerien ebenso wie mit den Zitruspflanzen
„der Süden im Norden" ein. Die Zypresse fand in

TAB. DXLVII.

PSAL. XXXVII. v. 35.
Laurus Impiorum Symbolum.

Psal. XXXVII. v. 35.
Der Lorbeer-Baum ein Bild der Gottlosen.

I. G. Pintz sculps.

*Abb. 24: Lorbeer in J. J. Scheuchzers
„PHYSICA SACRA" (Kat. 3.9)*

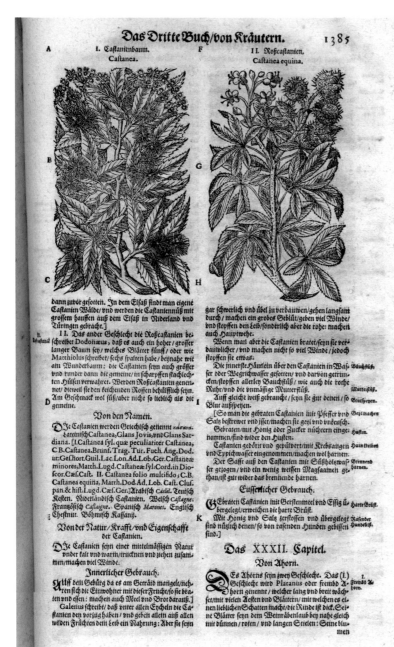

der klassischen Literatur als Sinnbild der Trauer Verwendung – Kyparissos ließ sich von Apoll in eine ewig trauernde Zypresse verwandeln, nachdem er selbst aus Versehen seine geliebte zahme Hirschkuh getötet hatte. Als Bibelpflanze gehörte der Baum gemäß Ez 31,8 zum Gottesgarten. Auch war er zusammen mit der Zeder vom Tempelbau in Jerusalem her bekannt (1 Kön 6,15.34; 9,11) und daher von besonderer sakraler Würde. Zudem symbolisierte er mit seinem immergrünen Laub ewiges Leben. In der christlichen Symbolik wurde er so zum „Lebensbaum". Verständlich, dass die Mittelmeer-Zypresse „ein Muss in der Orangerie"[29] war und in ihrer Beliebtheit als Orangeriebaum dicht auf Zitruspflanzen folgte. In Waldsassen war dagegen nur ein Exemplar vorhanden (Abb. 38–41; Kat. 3.13).

„Judenkersch Stauden"
Juden- oder Blasenkirschen sind Nachtschattengewächse aus der Gattung Physalis, zu der auch die Kapstachelbeere gehört. Im „HORTVS EYSTETTENSIS" sind zwei Arten unter der Bezeichnung „Halicacabum" dargestellt.[30] Im Elizabeth Blackwells Herbar ist „Physalis alkekengi", die Lampionblume unserer Staudenrabatten, abgebildet (Abb. 28; Kat. 3.14).

„genista"
Gemeint ist wohl der Spanische oder Pfriemenginster (Spartium junceum),[31] der zu den Klassischen Pflan-

Abb. 25: Edel- und Rosskastanie in
J. T. Tabernaemontanus' Kräuterbuch (Kat. 3.10)

zen gehörte, dank Dioscurides in den Kräuterbüchern Aufnahme gefunden hatte und als Kübelpflanze recht verbreitet war (Abb. 29 u. 31; Kat. 3.15).

„Cactus flagelliformis"

Beim „peitschenförmigen Kaktus" handelte es sich sicher um eine epiphytische Kakteenart mit schlanken, hängenden Trieben, beispielsweise aus der Gattung Disocactus oder Selenicereus, vielleicht eine der Spezies, die als „Königin der Nacht" bezeichnet wurden. Das Sammlerstück ist jenen typischen Pflanzen einer jüngeren Generation von Orangeriegewächsen zuzurechnen, die aus Amerika eingeführt wurden (Abb. 30; Kat. 3.16).[32]

„zerschiedene Alae"

Bereits im Mittelalter schätzte man in Mitteleuropa die Aloe[33] (Aloe vera) wegen ihrer medizinischen Wirkungen. Als Heil- und Aromapflanze findet sie in der Bibel Erwähnung, taucht wiederholt als Motiv in der erotischen Lyrik des Alten Testaments auf (Hld 4,14; Ps 45,9; Spr 7,17) und ist Bestandteil der Salben zur Einbalsamierung des Leichnams Jesu (Joh 19,39f.). Da die Texte des Hohenliedes auch auf die Gottesmutter Maria bezogen wurden, zählte die Aloe außerdem zu den Marienpflanzen (Abb. 31; Kat. 3.17).

Nach ihrer Entdeckung und ihrem Import nach Europa wurde aber auch die Agave (Agave americana) bis weit ins 18. Jahrhundert als Aloe bezeichnet. Linnés 1753 erfolgte Neubenennung setzte sich erst allmählich durch. Die Agave war für die Orangerieliebhaber durch ihr Laub und durch ihre Blüte attraktiv. Das kraftvolle, wehrhafte, in klarer

Abb. 26: Der Buchsbaum in H. Bocks Kräuterbuch (Kat. 3.11)

Geometrie angeordnete Blattwerk strahlte eine herbe Ästhetik aus. Zur Blüte kam die Agave unter mitteleuropäischen Bedingungen erst nach Jahrzehnten, weshalb man sie auch als „Hundertjährige Aloe" bezeichnete. Entfaltete sie dann ihren Blütenstand mit mehreren tausend Einzelblüten,

Abb. 27: Der Oleander in J. Zorns
„Amerikanischen Gewächsen" (Kat. 3.12)

erregte dies überregional Aufsehen und wurde nicht
selten durch die Publikation von Kupferstichen und
Beschreibungen oder durch Medaillen-Prägungen
gewürdigt (Abb. 32; Kat. 3.18 u. 3.19).[34]
Es ist unklar, ob im Waldsassener Inventar die ge-
wöhnliche Aloe oder die Agave gemeint ist – dies
hinge vom botanischen Kenntnisstand des Verfas-
sers ab. Doch da es sich um den einzigen Inventarposten handelt, dem das Attribut „zerschiedene"
beigegeben ist, wird man wohl doch annehmen
dürfen, dass es sich dabei um einen Ausdruck von
Diversität handelt. Womöglich gab es in Waldsassen also Aloen *und* Agaven.

„Portulaca"

Es ist nicht vorstellbar, dass der frostresistente
Winterportulak (Claytonia perfoliata) aus Nord-
amerika oder gar der einjährige einheimische
Sommerportulak (Portulaca oleracea) als Besonderheit in der Waldsassener Orangerie gehalten
worden sein soll. Eher dürfte es sich um eine afri-
kanische Art gehandelt haben. Man neigte früher
offenbar dazu, in sukkulenten Pflanzen mit dick-
fleischigen Blättern Verwandte des Portulak zu sehen. Volkamer präsentiert in seinen „Nürnbergi-
schen HESPERIDES" eine Mittagsblume
(Mesembryanthemum deltoides) vom Kap der
Guten Hoffnung, die „die meisten Liebhaber der
edlen Botanic vor eine fremde Speciem des Portu-
lacs" gehalten hätten, bis sie durch die Form der

Blüten eines Besseren belehrt worden seien.[35]
Womöglich gehörte der Waldsassener „Portulak"
zur Gattung Crassula aus der Ordnung der Stein-
brechartigen, südafrikanische Dickblattgewächse,
die auch heute teilweise die Bezeichnung „Portulak" im Namen führen, etwa der Geld- oder Pfen-
nigbaum (Crassula arborescens, auch Crassula
portulacea; „Portulakbaum") oder das Portulak-
Dickblatt (Crassula ovata).

„Caffeebaum"

Nachzutragen bleibt noch der Kaffeebaum (Coffea
arabica), der in Füssels Reisebericht von 1784 erwähnt ist, im Inventar von 1803 aber fehlt. Das Interesse an dieser Pflanze war im 18. Jahrhundert
wegen ihrer Bedeutung als Modedroge groß: Der
Aristokratie diente der Kaffeekonsum als Status-
symbol, der Mittelschicht als Sinnbild aufgeklärt-
bürgerlicher Geselligkeit, die in den sich rasch ver-
breitenden städtischen Kaffeehäusern gepflegt
wurde.[36] Auch die Waldsassener Mönche sprachen
dem Getränk nachweislich zu.
Trotz des allgemeinen Interesses an dieser Pflanze
fand man sie nur „in anspruchsvollen Gärten".[37]
Zedler stellt ihre Verbreitung, aber auch die
Schwierigkeiten ihres Anbaus dar und fährt fort:
„Man hat dahero für eine grosse Rarität gehalten, wann in dem Universitäts-Garten zu Leyden,
[…] am Königlichen Frantzösischen Hofe und
Garten zu Paris, in dem Medicinischen Garten zu

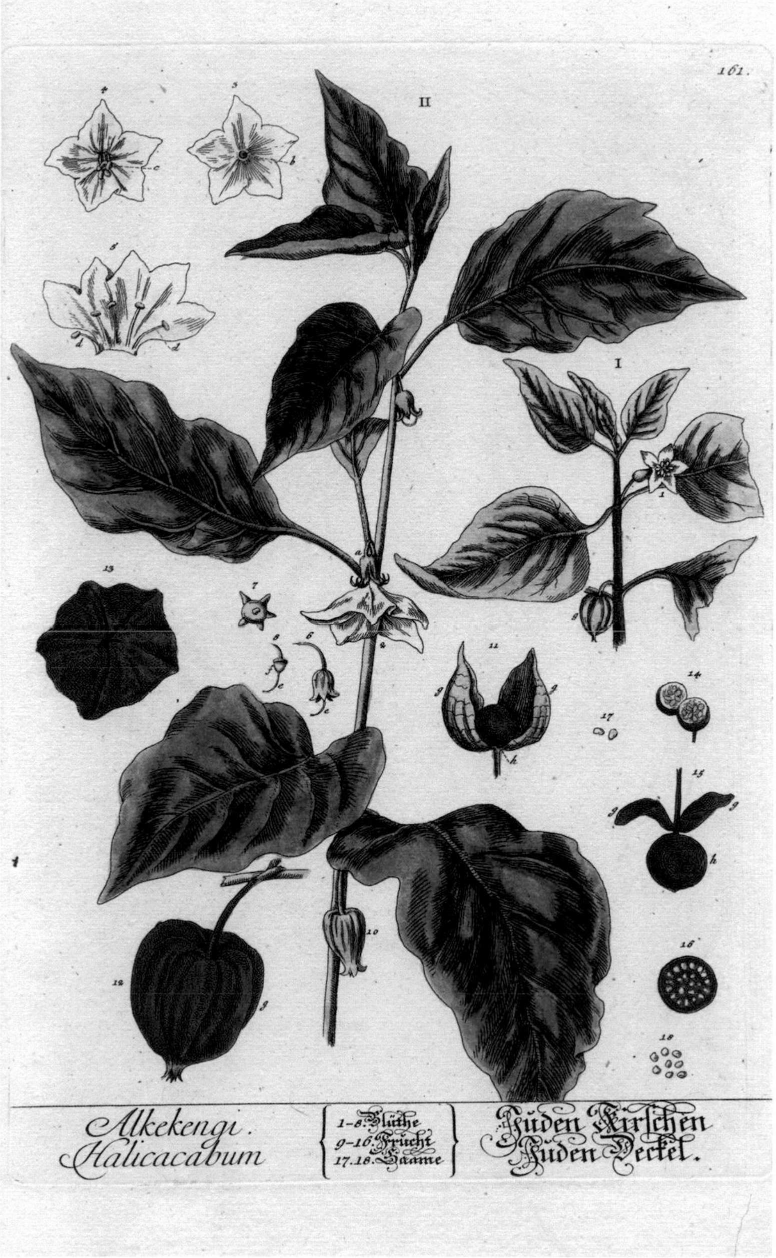

Abb. 28: „Juden Kirschen"
im „HERBARIVM BLACKWELLIANVM" (Kat. 3.14)

Amsterdam, auch zur Rarität ein Coffee-Baum ist gesehen worden; von daher man nach Deutschland in grosser Herren Gärten manchmal einen übersendet hat: Es haben selbige aber nicht gar lange gedauret, sondern sind bald wieder eingegangen, weil sie vielleicht das Clima nicht gewohnt gewesen, oder aber die Gärtner im Winter […] ihre Wartung nicht verstanden."[38] Der Waldsassener Kaffeebaum war mit seinem Schicksal also immerhin in guter Gesellschaft (Abb. 1, 33, 56 ; Kat. 1,1 u. 3.20).

Auswertung

Das Inventar von 1803 enthält mindestens 158 Pflanzen-Individuen, die 18 oder 19 verschiedenen Spezies angehören. Diese weisen ein charakteristisches statistisches Profil auf. Die wichtigste Gruppe waren der Menge nach die Zitruspflanzen. Pomeranzen, Orangen und Zitronen stellten 106 Individuen, also zwei Drittel. Der Diversität nach dominieren die Klassischen Pflanzen, also solche, die aus den Schriften der Antike bekannt und somit Bestandteil des humanistischen Bildungsguts waren. Hierunter gehören Feige, Granatapfel, Mittelmeer-Schneeball, Lorbeer, Buchsbaum, Oleander, Zypresse, Pfriemenginster und Aloe.[39] Die Neueinführungen des Mittelalters und der Renaissancezeit nach Europa waren mit Zitruspflanzen und Kirschlorbeer vertreten. Im 17. Jahrhundert wurden ostindische Gewächse beliebt, für die hier der Kaffee stand. Von amerikanischen Pflanzen, die einer etwas jüngeren Mode zuzurechnen sind, waren die Yucca und der Kaktus vorhanden, außerdem möglicherweise die Agave, falls sie sich unter dem Bestand an „Aloen" befand.[40] Als Küchenpflanzen lassen sich Zitronen, Orangen, Feigen, Granatapfel und Lorbeer zusammenfassen; mithin 105 Individuen. Auf ein wissenschaftlich-botanisches Sammelinteresse deuten die Bestände dagegen nicht hin. Dafür ist die Zahl der Spezies zu klein, die Arten sind zu gängig, eine Systematik, die es aufzufüllen gegolten hätte, ist nicht erkennbar, und es fehlen Sondersammlungen, die eine pflanzenkundliche Spezialisierung verraten würden. Die Waldsassener Bestände unterscheiden sich damit eher quantitativ – durch einen kleineren Bestand – als qualitativ von denen fürstlicher Orangerien.[41]

Das Schicksal der Bestände nach der Säkularisation

Diese Pflanzen also sollten 1803 an den Mann gebracht werden. Die Versteigerung erwies sich freilich als ziemlicher Misserfolg. Obwohl man sie selbst in Nürnberger und Bayreuther Zeitungen angekündigt hatte, erschienen nur wenige Bieter. Am Schluss betrug der Erlös 55 Gulden 58 Kreuzer – die Hälfte des Erwarteten. Zahlreiche Stücke erwiesen sich als unverkäuflich. Der Kommissär blieb auf allen Feigen- und Lorbeer- und den meisten Zitronenbäumen und auch auf fast allen Einzelstücken sitzen. Dagegen konnte er die Transportgeräte und die gesamte Fensterfläche loswerden.[42] Das Gesamtergebnis brachte ihn unter Rechtfertigungsdruck, so dass er der vorgesetzten Behörde in Amberg u. a. schrieb:

*„Da schon die Ch[urfürst]l[ich]e Besitz-
nahms Commission diese Versteigerung im
Frühjahr versuchte, und ungeachtet der
günstigern Zeit nicht durchsezte, so ließ sich
im Vorherein vermuthen, daß izt beÿ dem
immer nähern Heranrücken des Herbstes das
Schicksal umsoweniger günstig ausfallen
könne, nicht zu geschweigen, daß der ganze
Garten Geschmack sich geändert hat, und
überall solche unnütz Glas haus Producte
verachtet und verworfen werden.
Diese mehrerleÿ hinderl[iche]n Rücksichten
versammelten daher auch nur wenige Kaufs
Liebhaber, und gestatteten ebenso nicht[,]
daß alle Inventariums Stücke zu Verkauf gebracht werden konnten, ob ich mir gleich alle
erdenkl[ich]e Mühe pflichtschuldigst gab.
[…] Zugleich erbitte ich mir fernern g[nä]d[i]
gste[n] Verhalts Befehle, was mit den noch
übrig gebliebenen Orangerie Stüken geschе-
hen soll. nach meinem pflichtmäßigen Dafür-
halten dürfte nichts mehr Platz greifen, als
von den hölzernen Kübeln /: alle ohne Böden
:/ die wenigen eisernen Reiffen abzunehmen,
und gelegenheitl. einer andern Versteigerung
unter dem alten Eisen zu verkaufen."*[43]

Die übriggebliebenen Pflanzen beendeten ihr
Leben wohl auf dem Kompost.

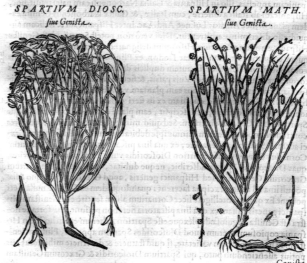

168   HISTORIÆ OMNIVM PLANTARVM,

esse arbitrantur Spartum vero Iuncum Hispanicum. Nam Ruellij Matthiolíque
rationes facilè dilui possunt. Prior, quod Dioscoridis Spartium frutex sit sine
foliis, quibus scatet Genista: Altera quod Spartum florem habet, vt albæ Violæ,
luteum verò Genistæ ferè piso similem. Spartium enim plantam quæ iam virgas florésque protulerit, idest senescentem Dioscorides describit, quo tempore
foliis caret. Eius verò adolescentiæ statum, quo nouos ramos, foliaque minuta
profert, negligentius prætermisit. Sic dictamnum Dioscorides flore seminéque
Chamæsycen flore carere scripsit. Quæ si vera essent, nothæ essent hæ Dictam-
ni & Chamæsyces plantæ, quæ pro veris habentur. Quare ex eo quod Spartio
iam adulto folia nulla sunt, non efficitur id Genistam esse non posse, quæ pul-
lulans folia habeat. Quod de flore dicunt, nullius est momenti. Dioscorides
enim non floris Spartij figuram cum floris Leucoij figura hic comparat, sed co-
lorem cum colore. Esse autem Leucoium aliud flore albo, aliud melino, &c.
Dioscorides ipse alio loco testatur. Spartium igitur planta hæc dicitur, quod
funiculi, & vinculi vsum in alligadis vitibus præbeat τῦ σπάρτυ, id est Iunci Spar-
ti modo, & Genista, fortasse quia genu modo flexilis ad nexus sit, vel quia geni-
bus medeatur dolentibus, vel quia, vt alij censent, facillimè & celerrimè sobo-
lem generet suo semine Gallis, *Geneſt*, & quibuſdã, in hortis sata, *Geneſt d'Heſpagne*,
Geneſt de Florence: hodie vulgo in tota Grecia, quæ Iũcũ Spartũ nõ nouit, σπάρτος vo-
catur, Italis *Geneſtra*, Hiſpanis *Geneſtra, Gieſta*, & *Gieſteira*, Genista hæc, siue Spartiũ
Dioſ. & Græcorũ frutex est, cuius rami in multas virgas diuidũtur, lõgas, rectas,
teretes, glabras, iunceas, firmas, fractu contumaces, foris lento, neruoso, flexili,
egregiè virente cortice, intus inani, fungoso, candidóque, leuem Iuncum pror-
ſus referentes. De foliis, qui plantam diligentius contemplatus fuerit, hæc ve-
riſſima esse comperiet, in teneris scilicet, & nuper enatis virgis folia esse latiuſ-
cula, vtrimque acuminata, pauca, ex interuallis plerumque singula, non vt in

Margin: Lib.3.ca.31. · Li.4.c.164. · Li.3.c.111. · Fuch.c.189 · Nomina · Forma. · Cord.libr. 3.depl.c.43.

SPARTIVM DIOSC. *siue Genista.*   SPARTIVM MATH. *siue Genista.*

Genista

*Abb. 29: Der Pfriemenginster in J. Daléchamps'
„HISTORIA GENERALIS PLANTARVM" (Kat. 3.15)*

Claſs: 12. Tab. 154.

Cactus flagelliformis. L.

Exkurs: Illustrierte pflanzenkundliche Literatur aus Oberpfälzer Klosterbibliotheken

Für die lebenden Pflanzen, die einst die Waldsassener Orangerie zierten, müssen nach über 200 Jahren in der Ausstellung „Caffeebaum und Pomerantzen" stellvertretend botanische Illustrationen aus den Beständen der ehemaligen Klosterbibliotheken stehen, die in Amberg verwahrt werden. In der Provinzialbibliothek kann dafür auf eine stattliche Anzahl von „Klassikern" aus dem Bereich der Pflanzenenzyklopädien zurückgegriffen werden. Nicht immer stammen sie nachweislich aus den ehemaligen Klosterbibliotheken. Im Falle einer deutschen Dioscurides-Ausgabe von 1546 oder der „RARIORVM PLANTARVM HISTORIA" des Charles de L'Écluse („Carolus Clusius") ist die Herkunft unbekannt.[44] Doch auch aus den Oberpfälzer Klöstern ist eine Reihe illustrierter pflanzenkundlicher Drucke erhalten geblieben. Zwar ist ihr Zusammentreffen in der Provinzialbibliothek Amberg den Zufällen der Geschichte zu verdanken, doch spiegelt der Bestand die Anschaffungspolitik der Klosterbibliotheken zumindest ausschnitthaft wider. Sichtbar wird in den verschiedenen Drucken außerdem recht gut, wie sich die Wahrnehmung von Pflanzen und die Gepflogenheiten der botanischen Illustration veränderten.[45] Ausgangspunkt des Interesses an der Pflanzenwelt war in der Frühen Neuzeit die Heilkunde.[46] Die Bo-

Abb. 30: „Cactus flagelliformis" in Zorns „Amerikanischen Gewächsen" (Kat. 3.16)

tanik fungierte als medizinische Hilfswissenschaft. Dies zeigen auch die Amberger Bestände. Das älteste ausgestellte Werk ist der medizinische Frühdruck „Kreutterbůch von allem Erdtgewächs" von Johannes Wonnecke aus Kaub am Rhein („Johannes de Cuba", ca. 1430–1503/04) in der Auflage von 1533 (Kat. 4.5.1). Er stammt aus der Abtei Waldsassen, in der erst ab 1661 überhaupt wieder Mönchen lebten. Auch andere Bücher sind weitaus älter als die Klosterbibliotheken, in denen sie standen. Von den „Vätern der Botanik" im 16. Jahrhundert sind Hieronymus Bock (1498–1554) (Kat. 3.11) und Leonhart Fuchs (1501–66) (Kat. 3.5) vertreten. Aus Reichenbach ist das Kräuterbuch des Jacob Theodor „Tabernaemontanus" (1522–90) erhalten (Kat. 3.10), aus Ensdorf das des Adam Lonitzer (1528–86) (Kat. 3.3) sowie die „HISTORIA GENERALIS PLANTARVM" (Kat. 3.15) von Jacques Daléchamps (1523–88). Deutlich wird, dass man die pharmakologisch-botanischen Standardwerke des 16. Jahrhunderts noch bis ins 18. Jahrhundert hinein wertschätzte und verwenden wollte und sich deshalb um deren Anschaffung auch aus zweiter Hand bemühte. Ihnen allen gemeinsam ist eine weitgehende Abhängigkeit der Inhalte von den antiken Autoritäten, v. a. Plinius, Dioscurides und Galen, die nicht in Frage gestellt wurden. Dies führte zu einer auffälligen Diskrepanz: Während das überlieferte medizinische Wissen selten durch empirische Untersuchungen an der Realität überprüft wurde, wiesen die Abbildungen einen hohen Grad an Wirklichkeitsnähe auf. Zu erklären ist dies dadurch, dass die Funktionen von Text und Bild sehr unterschiedlich waren. Während das Wort die Kenntnisse unangefochtener Autoritäten tradierte, dienten die Illustrationen dem Identifizieren und Wiedererkennen der Pflanzen im Feld oder im Arzneigarten zum Zweck ihrer pharmakologischen Verarbeitung.

Nach und nach kamen der botanischen Illustration weitere Aufgaben zu. Eine Art Zwischenstellung nimmt hier der „HORTVS EYSTETTENSIS" ein. Das berühmte Werk bediente – ebenso wie der darin verewigte Garten auf der Eichstätter Willibaldsburg – zwar auch medizinische und botanische Interessen, war aber in erster Linie wohl Ausdruck der Sammelleidenschaft und des Repräsentationsbedürfnisses von Fürstbischof Johann Conrad von Gemmingen.[47] Ein unkoloriertes Exemplar des Druckes (Kat. 3.2) übergab der Eichstätter Bischof Raymund Anton von Strasoldo im Jahr 1780 der Abtei Waldsassen. Dies ist nicht nur einem handschriftlichen Schenkungsvermerk im Amberger Band zu entnehmen. Der Erwerb galt als so herausragende Besonderheit, dass davon sogar in der Hauschronistik ausdrücklich berichtet wird. Der Bischof habe auf dem Heimweg von einer Kur in Karlsbad das Kloster besucht.

Aus der Klosterchronik des Waldsassener Paters Dionys Hueber:
„Der Fürst [Bischof Raymund Anton von Eichstätt] war hoch erfreut über die in Waldsassen gefundene Aufnahme, und er versicherte, er werde dem Kloster bei jeder Gelegenheit seine Gewogenheit beweisen. Besonders gefiel ihm die Bibliothek, als er aber darin den mit Kupferstichen geschmückten Hortus Eistettensis nicht fand, sagte er: ‚Die Bibliothek hier ist wert, auch dieses Denkmal zu besitzen!' Und nach seiner Ankunft in Eichstätt übersandte er alsbald dieses Prachtwerk als huldvolles Geschenk."[48]

Die Botanik blieb bis zur Expansion der chemischen Industrie im 19. Jahrhundert eine bedeutende Hilfswissenschaft der Medizin und Pharmakologie. Dennoch ist an der Pflanzenliteratur die allmähliche wissenschaftliche Verselbstständigung der Pflanzenkunde ablesbar. Botanische und medizinische Informationen wurden nach und nach voneinander abgekoppelt, es erschienen nun rein naturkundliche Werke, die auch von den Klöstern erworben wurden, besonders offenbar von der Abtei Reichenbach. Von hier stammt nicht nur Linnés ab 1777 in Nürnberg gedrucktes „Vollständiges Pflanzensystem",[49] sondern auch das „HERBARIVM BLACKWELLIANVM"[50] (Kat. 1.1, 3.7, 3.14, 3.17) und Johann Zorns Tafelwerk „Amerikanische Gewächse nach Linneischer Ordnung" (Kat. 3.8, 3.12, 3.16). Ein anderer Weg, der nun in der Publizistik beschritten wurde, waren kleine Monographien zu

einzelnen Pflanzen. Hier sind als Beispiele Wald-
schmiedts „Kurtze und Gründliche Beschreibung
Derer ALOEN" (Kat. 3.19) und Dufours Traktätchen
über den Kaffee, den Tee und den Kakao (Kat.
3.20) zu nennen.

Ein Werk eigener Art ist die „PHYSICA SACRA"
von Johann Jacob Scheuchzer (1672–1733) aus
den Beständen der Zisterzienserabtei Waldsassen,
wegen Hunderter enthaltener Kupferstiche und
des Titels der deutschsprachigen Ausgabe auch
„Kupferbibel" genannt (Kat. 3.4, 3.6, 3.9, 3.13).
Hier vermitteln die naturkundlichen Informationen
nicht primär Wissen über die Natur, sondern die
Naturgeschichte kommentiert den Bibeltext.[51] Erzählt die Heilige Schrift vom Sündenfall (Gen 3,7),
liefert Scheuchzer in Wort und Bild ein botani-
sches Porträt der Feige; singt das Hohelied: „Ze-
dern sind die Balken unseres Hauses, Zypressen
die Wände" (Hld 1,17), informiert die Kupferbibel
über die Zypresse.

Insgesamt repräsentieren die Bände also recht
gut die Verschiebung von einer pharmazeutisch-
gebrauchsorientierten Wahrnehmung von Pflanzen
hin zu botanischem Sachwissen, die sich im Lauf
der Frühen Neuzeit vollzog. Dementsprechend stehen die Pflanzenbilder in immer wieder anderen
Kontexten: Geht es bei Lonicer um die medizinisch-
pharmazeutische Verwendbarkeit von Granatapfel
und Zypresse (s. Abb. 34 u. 38), so bei Besler um
die Präsentation von Mirabilia aus dem bischöfli-
chen Garten von Eichstätt (s. Abb. 35 u. 39). Während Scheuchzer dieselben Pflanzen zu einer natur-
geschichtlichen Kommentierung der Bibel
heranzieht (s. Abb. 36 u. 40), werden sie in Eliza-

*Abb. 33: Illustration
zum Kaffee in Dufours
„Drey Neuen Curieusen
Tractätgen" (Kat. 3.20)*

beth Blackwells Herbar zwecks botanischer Information vorgestellt (s. Abb. 37 u. 41).

Allerdings ist die Verteilung zwischen den Oberpfälzer Klöstern sehr ungleich. Im botanischen Altbestand der Provinzialbibliothek befindet sich kein
Buch mit gesicherter Provenienz aus Michelfeld,
Speinshart oder Weißenohe. Aus Walderbach
stammt lediglich ein einziger Druck.[52]

Zu bedenken ist, dass die Amberger Bestände nur
einen Teil der ehemaligen Klosterbibliotheken enthalten. Durch Säkularisation, Feuer und Dubletten-

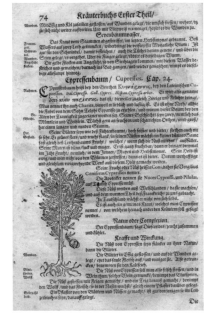

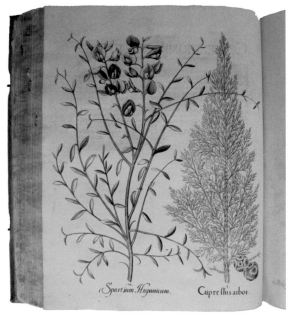

Abb. 36: Der Granatapfel in
J. J. Scheuchzers „PHYSICA
SACRA" (Kat. 3.6)

Abb. 37: Der Granatapfel
im „HERBARIVM BLACK-
WELLIANVM", Bd. II,
Taf. 145 (vgl. Kat. 3.14)

Abb. 40: Die Zypresse in
J. J. Scheuchzers „PHYSICA
SACRA" (Kat. 3.13)

Abb. 41: Die Zypresse im
„HERBARIVM BLACK-
WELLIANVM", Bd. II,
Taf. 127 (vgl. Kat. 3.14)

verkäufe ging ein erheblicher Teil der Bücher verloren. Dennoch deckt sich der skizzierte Bestand an pflanzenkundlichen Enzyklopädien mit den Eindrücken, die auch sonst von den genannten Abteien gewonnen werden konnten: Während in der zweiten Hälfte des 18. Jahrhunderts die Regentschaft des konservativen Abtes Wigand Deltsch in Waldsassen eine lebendige Auseinandersetzung mit den Zeitströmungen blockierte,[53] ist in Reichenbach ein großes Interesse an den modernen Naturwissenschaften zu verzeichnen;[54] die erhaltenen Ensdorfer Bestände[55] können mit Reichenbach in puncto Aktualität im „biologischen" Bereich nicht mithalten; in ihnen zeichnet sich ab, dass man hier in der Zeit der Spätaufklärung eher an den aktuellen Entwicklungen in der modernen Mineralogie interessiert war.

Kat. 3.1: Das Waldsassener Orangerie-Inventar

Verzeichniß Der verkaufbaren Stüke aus der Orangerie und dem Stift Waldsassischen Kloster Garten […] 1803
StA AM: Rentamt Waldsassen 853

Kat. 3.2: Pomeranzen und Zitronat-Zitrone (Abb. 18)

Besler, Basilius: HORTVS EYSTETTENSIS […], o. O. [Nürnberg] 1713 [ca. 1750], Aestivialium Plantarum Fol. 6.
PB AM: Hist.nat.bot. 52 (Prov.: Waldsassen)

Kat. 3.3: Zitrone, Zitronat-Zitrone und Pomeranze (Abb. 19)

Lonicerus, Adam: Vollständiges Kräuter-Buch […], Ulm 1716, 56f.
PB AM: Hist.nat. 249 (Prov.: Ensdorf)

Kat. 3.4: Die Feige – erste in der Bibel genannte Pflanze (Abb. 20)

Scheuchzer , Johann Jacob: PHYSICA SACRA[…] Bd. I, Augsburg/Ulm 1731, Tab. XXIX
PB AM: Theol.bibl. 200(1 (Prov.: Waldsassen)

Kat. 3.5: Feige (Abb. 21)

Fuchs, Leonhart: DE HISTORIA STIRPIVM COMMENTARII INSIGNES […], Leyden 1549, 711
PB AM: Hist.nat.bot. 5 (Prov.: Jesuitenkolleg Amberg)

Kat. 3.6: Granatapfel (Abb. 36)

Scheuchzer, Johann Jacob: PHYSICA SACRA […] Bd. II, Augsburg/Ulm 1732, Tab. CCCXXXI
PB AM: Theol.bibl. 200(2 (Prov.: Waldsassen)

Kat. 3.7: Lorbeerkirsche (Abb. 22)

HERBARII BLACKWELLIANI AUCTARIVM. COLLECTIO STIRPIVM […] Bd. VI, Nürnberg 1773, Taf. 512
PB AM: Hist.nat.Bot. 50(6 (Prov.: Reichenbach)

Kat. 3.8: Yucca filamentosa (Abb. 23)

[Zorn, Johann:] Amerikanische Gewächse nach Linneischer Ordnung Bd. 2/1, Nürnberg 1787, Class. 6. Tab. 113 (Reproduktion)
PB AM: Hist.nat.Bot. 6 (2 (Prov. unbekannt; im Reichenbacher Bibliothekskatalog verzeichnet)

Kat. 3.9: Lorbeer (Abb. 24)

Scheuchzer, Johann Jacob: PHYSICA SACRA [...]
Bd. III, Augsburg/Ulm 1733, Tab. DXLVII
PB AM: Theol.bibl. 200(3 (Prov.: Waldsassen)

Kat. 3.10: Edel- und Rosskastanie (Abb. 25)

Tabernaemontanus, Jacobus Theodorus: New
vollkommen Kräuter-Buch [...], Basel 1664, 1385
PB AM: Hist.nat.Bot. 57 (Prov.: Reichenbach)

Kat. 3.11: Buchsbaum (Abb. 26)

Bock, Hieronymus:VERAE ATQVE AD VIVVM
EXPRESSAE IMAGINES OMNIVM HERBARVM [...],
Straßburg 1553, Lib. III, Tab. CCCXIIII
PB AM: Hist.nat.bot. 2 (Prov.: Waldsassen)

Kat. 3.12: Oleander (Abb. 27)

[Zorn, Johann:] Amerikanische Gewächse nach
Linneischer Ordnung Bd. 1/2, Nürnberg 1786,
Class. 5. Tab. 70
PB AM: Hist.nat.Bot. 6 (1 (Prov. unbekannt; im
Reichenbacher Bibliothekskatalog verzeichnet)

Kat. 3.13: Zypresse (Abb. 40)

Scheuchzer, Johann Jacob: PHYSICA SACRA [...]
Bd. IV, Augsburg/Ulm 1735, Tab. DXCVII
PB AM: Theol.bibl. 200(4 (Prov.: Waldsassen)

Kat. 3.14: Judenkirsche (Abb. 28)

[Blackwell, Elisabeth]: HERBARIVM BLACK-
WELLIANVM EMENDATVM ET AVCTVM [...] Bd. II,
Nürnberg 1754, Taf. 161
PB AM: Hist.nat.Bot. 50(2 (Prov.: Reichenbach)

Kat. 3.15: Pfriemenginster (Abb. 29)

[Daléchamps, Jacques:] HISTORIA GENERALIS
PLANTARVM [...], Lyon 1587, 168
PB AM: Hist.nat.Bot. 53 (Prov.: Ensdorf)

Kat. 3.16: Schlangenkaktus (Abb. 30)

[Zorn, Johann:] Amerikanische Gewächse nach
Linneischer Ordnung Bd. 2/2, Nürnberg 1787,
Class. 12. Tab. 154
PB AM: Hist.nat.Bot. 6 (2 (Prov. unbekannt; im
Reichenbacher Bibliothekskatalog verzeichnet)

Kat. 3.17: Aloe (Abb. 31)

[Blackwell, Elisabeth]: HERBARIVM BLACK-
WELLIANVM EMENDATVM ET AVCTVM [...] Bd. IV,
Nürnberg 1760, Taf. 229
PB AM: Hist.nat.Bot. 50(4 (Prov.: Reichenbach)

Kat. 3.18: Agave (Abb. 32)

Hermann, Paulus: HORTI ACADEMICI LUGDUNO-
BATAVI CATALOGUS [...], Leyden 1687, 17
PB AM: Hist.nat.Bot. 12 (Prov.: Waldsassen)

Kat. 3.19: „Agaven-Literatur"

Waldschmiedt, Wilhelm Ulrich: Kurtze und Gründ-
liche Beschreibung Derer ALOEN insgemein [...],
Kiel 1705, Titelseite
PB AM: 2/Hist.nat.Bot. 46 (Prov.: Ensdorf)

Kat. 3.20: Kaffee (Abb. 33)

[Dufour, Philippe Sylvestre:] Drey neue curieuse
Tractätgen, von dem Trancke Cafe, Sinesischen
The und der Chocolata [...], Bautzen 1686,
unpag. Stich [nach dem „Vorbericht"]
PB AM: Hist.nat. 47 (Prov.: Waldsassen)

Anmerkungen

1 Verzeichnis der 1804 versteigerten Klosterrealitäten (StA AM: Altsignatur Rentamt Eschenbach Zugang 39, Nr. 126/8, laufende Positionsnummer 367).

2 Die Transkription deckt sich formal nicht ganz mit dem Original, da dort auf den verschiedenen Blättern in der 4. Spalte unterschiedliche Überschriftzeilen zu finden sind und am Seitenende jeweils Zwischensummen gebildet wurden.

3 S. Paulus 1997, 106.

4 Schirarend 1996, 16ff.; Paulus 1997, 103ff.; Gröschel 1999a und 1999b; Heilmeyer 1999; Wimmer 1999b.

5 Balsam 1989, 10ff.; Gröschel 2005, 174f.; Heilmeyer 1996; dies. 1999; dies. 2001a; dies./Schirarend 1996, 49ff.; Zerling 2007, 201f.

6 Schirarend 1996, 28ff.; Gröschel 1999a, 9; Wimmer 1999b; Zerling 2007, 201f.

7 Schwammberger 1965; Schirarend 1996, 38ff.; Wimmer 1999b; Schmidt 2000, 96f.; Zerling 2007, 300f.

8 Lexikon der christlichen Ikonographie 2, 22ff.; Zohary 1995, 58f.; Gröschel 1999a, 9; Wimmer 1999b; Schmidt 2000, 58ff.; Brosse 2001, 237ff.; Beuchert 2004, 95ff.; Dobat u. a. 2005, 20ff.; Plattner 2005; Zerling 2007, 78ff.

9 Baumgartner 2005, 139.

10 Schrank 1793, 328.

11 Zohary 1995, pass. (s. Register!); Kawollek/Falk 2005, 15ff.

12 Lexikon der christlichen Ikonographie 2, 198f.; Zohary 1995, 62; Wimmer 1999b; Schmidt 2000, 62f.; Telesko 2001, 26f.; Wimmer 2001, 76; Beuchert 2004, 121ff.; Dobat u. a. 2005, 25ff.; Baumann 2007, 38; Zerling 2007, 100ff.

13 Wimmer 1999b; ders. 2001, 74, 76.

14 Ders. 1999b; ders. 2001, 73, 77.

15 Zedler Bd. 60, 939f.

16 Wimmer 1999b; ders. 2001, 80.

17 Zedler Bd. 60, 940.

18 Lexikon der christlichen Ikonographie 3, 106f.; Wimmer 1999b; ders. 2001, 76; Brosse 2001, 169ff.; Beuchert 2004, 193ff.; Baumann 2007, 38; Zerling 2007, 162f.

19 Zedler Bd. 64, 1122–1149, hier: 1122.

20 Adelung 1801, 1785.

21 Zerling 2007, 135f.

22 Wimmer 2001, 73.

23 Marzell 1954; Zerling 2007, 48f.

24 Wimmer 2001, 83, 85.

25 Zedler Bd. 4, 2053.

26 Wimmer 1999b; ders. 2001, 76; Zerling 2007, 197.

27 Kat. 3.5, 526f.

28 Lexikon der christlichen Ikonographie 4, 591ff.; Zohary 1995, 106; Wimmer 1999b; Brosse 2001, 175f.; Düll 2002; Beuchert 2004, 359ff.; Dobat u. a. 2005, 62f.; Baumann 2007, 25; Zerling 2007, 303f.

29 Wimmer 2001, 75.

30 Kat. 3.2: Aestivalium Plantarum Ordo 13 Fol. 11.

31 Wimmer 1999b; ders. 2001, 76.

32 Ders. 1999b; ders. 2001, 79.

33 Zohary 1995, 204; de Cuveland 1996; Wimmer 1999b; ders. 2001, 75.

34 Ullrich 1993; de Cuveland 1996; Wimmer 1999b; ders. 2001, 79; Hamann 2001.

35 Volkamer 1986, 221, dazu Abb. neben S. 24.

36 Zuletzt Menninger 2008, 313ff.

37 Wimmer 2001, 80.

38 Zedler 4, 535.

39 Wimmer 1999b; ders. 2001, 74ff.

40 Zu den Haupt-Einführungsperioden von Pflanzen verschiedener Erdteile: Wimmer 2001.

41 Wimmer 1996. Publiziert sind beispielsweise Inventare aus Dessau (1753), Oranienbaum (1707), Seehof (1827), Het Loo (1713), Leeuwarden (1712), Oranienstein (1684) und Schwetzingen (1747 u. 1757); s. Erkelens 1999, 101; Stieler 1999, 40ff.; Orangerien 2002, 117–119; Pawlak 2001, 125ff.; Puppe 2002, 9ff.; Schelter 1992, 97ff.; Wertz 1999, 63, 66.

42 StA AM: Rentamt Waldsassen 853.

43 Ebd.

44 Dioscorides 1546; Clusius 1601.

45 Zu diesem Thema s. zuletzt Isphording 2008 (Lit.!).

46 Dressendörfer 1998, 73ff.

47 Dressendörfer 1998, 82ff.

48 Binhack 1896, 9f.

49 Linné 1777ff.

50 Ruttmann 2005.

51 Müsch 2000, 20ff.; dies. 2001; Felfe 2003.

52 Vallemont 1714.

53 Schrott 2006, 70f.

54 Lipp 2005b, 81.

55 Ders. 1997.

Das kulturelle Umfeld der Klosterorangerien

Das „Wesen" einer Orangerie ist Simone Balsam zufolge das Zusammenspiel von vier Faktoren: von 1. den gesammelten Pflanzen, 2. den Sammelnden und ihren Interessen, 3. den Gebäuden und schließlich 4. deren Einbindung in das Umfeld von architektonischen Ensembles und Lebensweise der Betreiber.[1] Gärtnerische, bauliche und soziokulturelle Aspekte gehen hier also Hand in Hand. Orangeriekultur als Klosterkultur – das heißt dann aber auch, dass sich des Orangeriethemas unter besonderen Bedingungen angenommen wurde. Bauten und Pflanzenbestände standen nun im Kontext spezifisch klösterlicher Interessenfelder und Kulturaktivitäten. Diese waren teilweise deckungsgleich mit denen weltlicher Betreiber, doch gab es auch eigene Akzente und zusätzliche Aspekte.

Klostergärten

Barocke Schloss- und Klostergärten sind nur bedingt miteinander zu vergleichen. Auch wenn sie sich in ihrer Gestaltung ähneln mögen, unterscheiden sie sich doch erheblich im Gefüge ihrer Funktionen. Schlossgärten dienten der Demonstration von Macht und Prestige, waren Kulissen für höfische Feste und Divertissements. Auch Klostergärten[2] hatten eine repräsentative Funktion, ablesbar schon an ihrer oft weiträumigen, die

Fläche durch das planerische Diktat beherrschende Gestaltung (Kat. 2.1, 2.5, 4.1.1). Hinzu kamen aber andere Aufgaben. Teile der Anlage dienten in der Regel dem Anbau von Obst, Gemüse und Kräutern, die in Küche und Apotheke benötigt wurden. Wichtig war auch noch ein weiterer Aspekt: Die Regel des hl. Benedikt, Vorbild für alle späteren Ordensregeln, gab nicht nur den Rhythmus von Gebet und Arbeit als Grundgestaltung des monastischen Lebens vor. Gemäß Benedikts Ideal des rechten Maßes war als drittes die Rekreation, die Erholung und Entspannung, fester Bestandteil des Tages-, Wochen- und Jahresverlaufs. Einige Ordensstatuten, also Ausführungsbestimmungen zur Regel, sahen ausdrücklich den Garten als Ort der Rekreation vor. Nach den Statuten der Oberdeutschen Zisterzienserkongregation, zu der auch Walderbach und Waldsassen gehörten, bestand dabei eine Option im Besuch des Gartens, „wo die Præsides und Obere zu mehrer Brieffung [= Stärkung, Kräftigung] und Erfrischung des Geistes die Erlaub zu spazieren geben können".[3] Klostergärten waren also Nutz- *und* Lustgärten zugleich, dienten sowohl der Befriedigung materieller Bedürfnisse wie der Entspannung und Erholung. Letzteres wird beispielsweise auch in der Leichenpredigt für Abt Eugen Schmid von Waldsassen deutlich (Kat. 4.2.4):

Das XXXVI. Capitel.
Von bequemer Aufrichtung eines Pomerantzen-Hauses, und was
sonsten darbey zu wissen nöthig.

Inhalt.

§. 1. Des Orts Beschaffenheit, worauf ein tüchtiges Pomerantzen-Haus kan und mag gebauet werden. §. 2. Die Form und Gestalt, nebst den Fenstern eines Pomerantzen-Hauses. §. 3. Von dem obern Boden und Dach eines Pomerantzen-Hauses, und deren Bäumen. §. 5. Von der Schliessung und Oeffnung eines Pomerantzen-Hauses. §. 6. Wie man mit dem Einheizen im Winter soll umgehen?

§. 1.

Ein Pomerantzen-Haus in einem Pracht oder in eines grossen Herrns Garten aufzurichten, um damit man auch seinen Endzweck dadurch erlange, und Ehre damit aufhebe, ist vor allen nöthig, daß man hierzu einen gelegenen Ort in dem Garten ausersehe, denselben wohl examinire, und sodann nach Gutbefinden, darzu employre. Ein solches Haus nun, so dahero Pomerantzen-Hauß genennet wird, weilen man die Pomerantzen-Bäume, als die ersten ausländischen Gewächs, angefangen darinnen den Winter über zu conserviren, muß nicht aller Orten, welches wohl zu observiren, hingebauet werden: dahero derjenige wunderlich und unweislich handeln würde, der dergleichen Gebäu mitten in einen Garten wollte bauen und anlegen, dann dadurch würde der schönste und

beste Platz in einem Garten, so in dem Sommer weit besser könte genutzet werden, darzu gebrauchet, wozu man wohl anderwärts genugsame Gelegenheit hätte haben und finden können. Man thut also am besten, so man am Ende eines Garten dergleichen Gebäu kan aufführen, wann man sich eines solchen Platzes bedienet: absonderlich aber muß man wohl zusehen, daß man solche Stelle erwähle, als z. E. gegen Mittag oder Süden, da die Bäume und Gewächser der warmen Lufft ungehindert nicht nur können geniessen, sondern die Sonne sich auch fast den gantzen Tag über möge befinden. Hat ein Pomerantzen-Hauß zur Rucken oder von der Seite gegen Mitternacht, einige Gebäude, so die rauhen und kalten Nord-Winde können abhalten, ist es vor dasselbe keine geringe Wohlthat; bey Aufführung aber einer pur steinern Mauer oder Wand zu einem Pomerantzen-Hauß, oder so dasselbe an eine steinerne Mauer angebauet wird, ist es nöthig, daß man zu Verhütung alles Unheils im Winter, welches das Düften der Wand leicht verursachen kan, solche Mauer oder Wand, mit Brettern bekleide, oder das gantze Haus von Holz erbaue.

§. 2.

Ferner die Form und Gestalt eines guten Pomerantzen-Hauses betreffend, ist darvon wohl fast kein Model zu geben, indem die gantze Sache auf einen

---

Wolfgang Haeckhl: Leichenpredigt für
Abt Eugen Schmid von Waldsassen:

*„Semiramis Assyrische Königin hengete in
die Lufft zu Babylon so kunstreich-als lust-
reitzende Gärten; EUGENIUS mit seinen
nächst dem Closter frisch-angelegten in
nutzbarer Annehmlichkeit, und annehm-
licher Kunst der Blumen und Früchten, der
Gewächs und Wässeren spielenden dem
irrdischen Paradeyß nachahmenden Garten erhebte sein und seiner lieben Unterge-
benen Gemüth in die Höhe zu GOtt [...]"*[4]

Für die Orangerien als Bestandteile der Gärten
wird man dasselbe annehmen dürfen.

Das Interesse an den Gärten ist teilweise auch in
den Bibliotheksbeständen ablesbar. Klassiker der
Orangerie-Literatur[5] findet man in der Provinzialbibliothek Amberg nicht. Über Orangeriepflanzen
konnten sich die Mönche des 18. Jahrhunderts
dennoch in ihren Büchersammlungen informieren.
Im Sortiment waren sowohl Veröffentlichungen
zur Gartenarchitektur wie zur praktischen Unterhaltung und Pflege von Gärten.

Wollte man Ideen für die Gestaltung eines
Barockgartens finden, konnte man im Kloster
Speinshart Furttenbachs „ARCHITECTVRA
RECREATIONIS" heranziehen. In den darin enthal-
tenen Entwürfen von Schlossgärten sind abschlag-

*Abb. 42: Gewächshaus in F. Ph. Florinus'
„OECONOMVS PRVDENS" (Kat. 4.1.4)*

bare Überwinterungshäuser eingeplant, beispielsweise in den Stichen 11 und 12 symmetrisch einander gegenüberliegend ein „Pomerantzen Garten" und ein „Feigen/ vnd Granatöpffel Garten".[6] Im Kloster Ensdorf stand Franz Philipp Florins „OECONUMVS PRVDENS ET LEGALIS CONTINVATVS" zur Verfügung (Kat. 4.1.4). In dem Kapitel „Vom Lustgarten"[7] findet man Ausführungen über verschiedene Orangeriepflanzen wie Aloe, Ananas, Yucca oder Passionsblume[8] und in einem eigenen Abschnitt „Vom ORENGERIE-Garten"[9] Erläuterungen zum Bau von Pomeranzenhäusern und zur Pflege der Zitrusfrüchte (Abb. 42).

Die Zisterzienser in Waldsassen verfügten in ihrer Bibliothek über Heinrich Hesses „Neue Garten-Lust" (Kat. 4.1.3). Einzelne Kapitel dieses Werks informierten darüber, „wie man durch Kern/ Absäugen und Oculiren/ allerhand Citronen/ Pomerantzen/ und dergleichen Bäumlein/ hier in unsern kalten Landen glücklich erziehen soll/ daß man herrliche Früchte davon haben kan", oder „wie man kan und soll einen Pomerantzen-Garten anlegen/ und was vor Baum und Gewächse darein müssen gepflantzet werden" (Abb. 43). Die „DELICIÆ HORTENSES" (Abb. 44; Kat. 4.1.2), ein etwas älteres Werk, betonen eher die Schwierigkeiten der Haltung von Feigen, Zitrusgewächsen, Granatäpfeln und Lorbeer und verweisen darauf, dass derlei „Scherben-Gewæchse" (also: Topf-Pflanzen) im Keller überwintert werden müssten.

Kat. 4.1.1: Kloster Speinshart und seine Gärten (Abb. 14)

Vorzeichnung zum Idealplan von Kloster Speins-

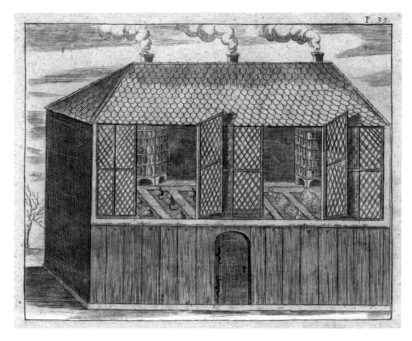

hart, 1. Drittel 18. Jahrhundert (Reproduktion)
Kloster Speinshart

Abb. 43: Darstellung eines abschlagbaren Pomeranzenhauses in H. Hesses „Neuer Garten-Lust" (Kat. 4.1.3)

Kat. 4.1.2: Gartenliteratur aus der Waldsassener Stiftsbibliothek (Abb. 44)

Mayer, Johann Georg: DELICIÆ HORTENSES […], Stuttgart 1684, Frontispiz und Titelseite
PB AM: Technol. 141 (Prov.: Waldsassen)

Kat. 4.1.3: Vorschlag für die Gestaltung eines abschlagbaren Pomeranzenhauses (Abb. 43)

Hesse, Heinrich: Neue Garten-Lust […], Leipzig 1703, Kupfer neben S. 35
PB AM: Technol. 112 (Prov.: Waldsassen)

Kat. 4.1.4: „Von bequemer Aufrichtung eines Pomerantzen-Hauses" (Abb. 42)

Florinus, Franciscus Philippus: OECONOMVS PRVDENS ET LEGALIS CONTINVATVS. Oder Grosser Herren Stands und Adelicher Haus-Vatter [...], Nürnberg u. a. 1751, 954

PB AM: Technol. 11 (Prov.: Ensdorf)

Repräsentative Herrschafts- und Standeszeichen am Beispiel Waldsassens

„Eine möglichst umfangreiche Orangerie diente unmittelbar der fürstlichen Repräsentation und gehörte zu den kostspieligen Erfordernissen einer jeden Hofhaltung."[10] Auch Adelige niedrigeren Ranges richteten je nach ihren finanziellen Möglichkeiten bei ihren Schlössern Überwinterungshäuser ein.[11] Zwischen ihnen und den frühneuzeitlichen Stiften der sogenannten „alten Orden", also der Benediktiner und Zisterzienser, Augustiner-Chorherren und Prämonstratenser, gab es eine wichtige Gemeinsamkeit: Sie gehörten zumeist zu den Land- oder Reichsständen, waren also in das Herrschaftssystem integriert. Sie partizipierten – wenn ihnen nicht gar selbst ein fürstlicher Rang zukam – in abgestufter Form an der Macht eines Fürsten, vergleichbar dem Rang eines Grafen, sei es durch Sitz und Stimme auf der Adels- oder Prälatenbank (einem Mitbestimmungsgremium, das es in den meisten Fürstentümern gab) oder durch die Ausübung von Grundherrschaft mit all ihren unterschiedlichen Einzelrechten. Macht und Ehre aber mussten in der Frühen Neuzeit durch entsprechende Standeszeichen angemessen demonstriert

werden. So kam es, dass die Äbte und Pröpste der „Prälatenklöster" mit dem Adel einen gemeinsamen Code von einigermaßen exklusiven Zeichen teilten, durch den sie sich von anderen gesellschaftlichen Gruppen unterschieden und abgrenzten. Da der Gärtner seit alters her ein Sinnbild idealer Herrschaft war,[12] hatten schon deshalb Gärten als Ergänzung von Klöstern und Schlössern symbolische Aussagekraft.

Prälaten, die Sammlungen exotischer Pflanzen anlegten, lassen sich zu den „botanophilen" oder „spekulativen Gärtnern" rechnen, die nicht als Gartenpraktiker körperliche Arbeiten verrichteten – das überließen sie Bedienten oder Laienbrüdern –, sondern als Initiatoren und Träger gartenbaulicher Aktivitäten mit dem Ziel, Prestige und Ruhm zu erwerben.[13] Ebenso waren Orangeriefrüchte als Tafelobst „Nahrungssymbole", die soziale Rangunterschiede unterstrichen.[14]

Bei den Orangerien handelte es sich nicht um exklusive, durch kodifiziertes Recht abgesicherte ständische Einrichtungen. Dennoch können sie zu den Standeszeichen gerechnet werden, sind sie Abzeichen der Zugehörigkeit zu einer bestimmten sozialen Gruppe, „Zeichen der Ehre, welche die mit politisch-rechtlichen Privilegien verbundenen sozialen Anerkennungsverhältnisse zwischen den einzelnen korporativen Gruppen regelt".[15] Und sie sind Herrschaftszeichen – sie „gliedern in dieser Funktion sichtbar in oben und unten, Besitzende und Besitzlose; es entsteht Ordnung, und Hierarchien treten hervor."[16] Diese Funktionen teilen sie mit einer Reihe weiterer architektonischer Würdeformen, etwa den Treppenhäusern, Festsälen und schlossartigen

DELICIÆ HORTENSES,
Das ist:

Blumen=Artzney=Kuchen=
Kloster/ und Waldsatzen:
Baum=Gartens=Lust/
In zwey absonderliche Theil verfasset.

In dem ersten Theil
Wird gelehret wie auffs schönste zupflantzen
I. Ein Blumen=Garten/von allerhand
Saamen/Wurtzeln/Zwibeln/Bäumlein und Stäud-
lein/auch wie selbige zu vermehren/zu vergrös-
sern und zu verändern seyen.
II. Ein Artzney=Garten/ mit Vermel-
dung worzu ein jedes Gewächs dienlich seye.
III. Ein Kuchen=Garten/mit Bericht/
wie alle Wurtzeln und Kräuter recht zu kochen und
auff den Tisch zu bereiten.

In dem andern Theil:
Ein Baum=Garten/wie solcher auffs
zierlichste zu Pflantzen/die Bäum auff mancherley weiß
zu impffen/zu propffen/ zu versetzen/ vor allen Gebre-
chen und Schäden zu verwahren/oder wo sie
schadhafft/zu verbessern seyen.
Vor weniger Zeit zusammen getragen / nun aber auff
Begehren aufs neue wider übersehen/und mit sehr
vielem/wie nachfolgende Seite außweiset/
vermehret /
Durch einen besondern Liebhaber solches
Garten-Gewächs/
M. Joh. Georg Mayer/ P. S.

STUTTGART/
Verlegts Johann Gottfried Zubrodt.
gedruckt bey Tobias Friderich Coccyus/ 1684.

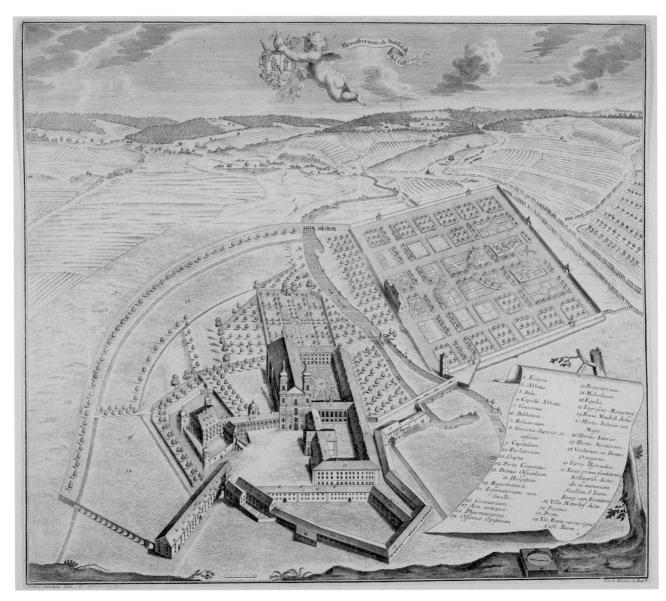

Abb. 45: Waldsassener Idealplan von A. Smichäus; rechts der Große Garten mit der Orangerie an der (linken) Nordseite (Kat. 4.2.1)

Fassaden vieler Klosterbauten. Aber auch die dem mitteleuropäischen Klima durch finanziellen Einsatz und besonderes Know how abgerungenen Bestände kostspieliger Pflanzen waren Statussymbole.[17] Interessant ist in diesem Zusammenhang die Lage der Waldsassener Orangerie. Innerhalb der Gartenzone um die Waldsassener Klostergebäude gab es nämlich unterschiedliche Funktionsbereiche mit unterschiedlichen Graden von Zugänglichkeit. Die Legende auf dem Idealplan (Abb. 45; Kat. 4.2.1) macht dies deutlich: In ihr ist der Kreuzgarten im Inneren des Konventsgevierts als Novizengarten, „Hortus Novitiorum", bezeichnet. Ein ungefähr quadratischer, eigens ummauerter Bereich östlich des Konventstocks ist der Innere Garten, „Hortus Interior", die große Fläche im Süden aber der Äußere oder Große Garten, „Hortus Exterior sive Major".[18] Der Innere Garten war nach Lage und Benennung Teil der Klausur und diente ausschließlich den Mönchen als Konventgarten. Die Orangerie stand im Äußeren Garten, und dieser war öffentlich. Füssels Reisebericht, in dem er „Hofgarten" genannt ist, belegt dies. Nicht den Zisterziensern allein waren also das Pomeranzenhaus und die Pflanzenkollektion vorbehalten, sondern sie sollten von Externen und auswärtigen Besuchern gesehen und gewürdigt werden können. Dass die Überwinterungshäuser in Michelfeld und auf dem Speinsharter Idealplan in direktem räumlichem Zusammenhang mit der jeweiligen Prälatur, dem Trakt des Abtes also standen, wird einen ähnlichen Grund haben.

Orangeriebauten und -pflanzen teilen also mit anderen Medien den Öffentlichkeits- und Repräsentationsaspekt. Dieser beschränkte sich nicht auf

Abb. 46: Wappen des Abtes Wigand Deltsch in Zimmermanns „Chur-Bayrisch-Geistlichem Calender" (Kat. 4.2.2)

das Gebiet der Architektur, sondern erstreckte sich auch auf Druckwerke, weshalb in Bibliotheken weitere Beispiele zu finden sind. Eines der wichtigsten Standeszeichen überhaupt war das Wappen, das jede Abtei und jeder Prälat führte (Abb. 46; Kat. 4.2.2). In Bibliotheken findet man sie in der Sonderform von Supralibros (Abb. 47; Kat. 4.2.3), also von Prägestempeln auf Buchdeckeln. Ein anderes Beispiel sind Leichenpredigten (Kat. 4.2.4). Während sie im evangelischen Raum auch im Bürgertum allgemein verbreitet waren und zu Tausenden gedruckt wurden, kam diese Ehre in katholischen Territorien fast ausschließlich Fürsten, Adeligen und

Abb. 47: Wappen-Supralibros auf Band 3 von Scheuchzers „PHYSICA SACRA" (vgl. Kat. 3.9; vgl. Kat. 4.2.3)

Obwohl ihre Stifte von den Kurfürsten nach der Wiedererrichtung nicht mehr als Landstände anerkannt wurden, gebrauchten die Äbte aus der Oberen Pfalz diese Zeichen ebenso selbstverständlich wie die Prälaten in Ober- und Niederbayern. Die grundherrschaftlichen Rechte reichten offenbar aus, um das Bedürfnis und die Notwendigkeit herrschaftlichen Auftretens entstehen zu lassen.

Kat. 4.2.1: Die Orangerie als Teil der repräsentativen Klosteranlage (Abb. 45)

Anton Smichäus: Waldsassener Idealplan (Augsburg: Göz/Klauber, gegen 1750)
GNM N: SP3523 Kapsel 1039

Kat. 4.2.2: Wappen des Abtes Wigand Deltsch (reg. 1756–92) (Abb. 46)

Zimmermann, Joseph Anton: Chur-Bayrisch-Geistlicher Calender, Fünffter Theil […], München o. J. [ca. 1758], neben S. 290
PB AM: 999/H. Bav. 110(5 (Prov.: unbekannt)

Kat. 4.2.3: Supralibros mit dem Wappen des Waldsassener Abtes Eugen Schmid (reg. 1722–44) (Abb. 47)

Le Blanc, Thomas: PSALMORUM DAVIDICORUM ANALYSIS […] Bd. 2, Köln 1726, Buchdeckel
PB AM: Theol.bibl. 109(2 (Prov.: Waldsassen)

Klostervorstehern zu.[19] Castra doloris,[20] das heißt repräsentative, dekorative Scheinaufbarungen verstorbener Fürsten, Adeliger oder Prälaten in den Kirchen, gehörten ebenfalls zu diesen exklusiven Standes- und Ehrenzeichen (Abb. 48; Kat. 4.2.5).

Kat. 4.2.4: Posthumes Äbtelob – die Leichenpredigt für Abt Eugen Schmid (gest. 1744)

Haeckhl, Wolfgang: Der Geistliche Von dem Feuer des heiligen Lieb-und Tugends-Eyfer gegen GOtt,

*seinem Neben-Menschen, und Sich Selbst verzehr-
te, und annoch lebende PHOENIX EUGENIUS
[Schmid] Des […] Closters Waldsassen […]
Würdigster Abbt […], Waldsassen 1744*
PB AM: 18/Theol.hom 110a (Prov.: Michelfeld)

Kat. 4.2.5: Repräsentative Aufbahrung – das Trauergerüst für Abt Alexander Vogel (1744–56) (Abb. 48)

*Klauber, Joseph und Johann: Castrum doloris für
Abt Alexander Vogel von Waldsassen, Augsburg
1756*
SB R: 999/4 Prü.33

Klösterliche Sammelpraxis

Die klösterliche Lebensform mit ihren aszetisch begründeten Einschränkungen musste zu einem besonderen Verhältnis zwischen den Mönchen und
Chorherren einerseits und der Welt außerhalb des
Klosters andererseits führen. Sie hatten das Gelübde der stabilitas, also der Ortsbeständigkeit, abge-
legt, unterlagen den Klausurbestimmungen, hatten
keinen persönlichen Besitz und wurden in ihrer
Lektüre und Korrespondenz durch die Klosterobe-
ren beaufsichtigt. Sie vereinigten so einen relativ
hohen Bildungsgrad mit einer gewissen Isolation
von der Außenwelt und ihren Kommunikations-
strömen. Klostergeistliche waren keine Kosmopoli-
ten. Ihr physischer Bewegungs- und Erfahrungs-
radius erstreckte sich zumeist nicht weiter als bis in
die klösterlichen Pfarrdörfer der Umgebung, wo
viele von ihnen seelsorgerisch wirkten. Die Locke-
rungen in der Lebensweise, zu denen es mit voran-
schreitender Aufklärung kam, erfolgten je nach
Kloster unterschiedlich früh und in ganz verschie-
denem Ausmaß.

Konnten die Mönche nicht ohne weiteres hinaus in
die Welt ziehen, um Wissen zu erwerben, so war ihr
Interesse umso verständlicher, sich den Makrokos-
mos der Welt in den Mikrokosmos ihres Klosters zu
holen. Für Klausurbewohner, die nur in seltenen
und begründeten Ausnahmefällen die Gelegenheit
hatten, Reisen in ferne Gegenden zu unternehmen,
mussten blühende Kaffee- und Pomeranzenbäume
und andere exotische Gewächse eine besondere
Gelegenheit bedeuten, mit der großen, weiten Welt
in Berührung zu kommen.

Die weite Welt holte man sich aber auch auf
andere Weise ins Kloster, zuvörderst in den oft
umfangreichen Bibliotheken, vereinzelt auch in
Kunst- und Wunderkammern und im 18. Jahrhundert zunehmend in Naturaliensammlungen.[21] Aus
dem Kloster Ensdorf ist ein Inventar enthalten, das
ein vergleichsweise breites naturkundliches Spek-
trum abbildet. Es handelt sich um das anlässlich
der Klosteraufhebung entstandene „Verzeichniß
der im Kloster Ensdorf vorhandenen Naturalien"
(Kat. 4.3.1). Aufgezählt sind darin beispielsweise
physikalische Instrumente, Mineralien, Muschel-
schalen, Schneckenhäuser, Tierskelette und Moose.
Die Mönche folgten hier dem Trend der Zeit, das
reine Buchwissen mehr und mehr durch konkrete
Erfahrung und sinnliche Wahrnehmung zu veran-
schaulichen und die Bücher durch andere Medien
zu ergänzen.

Die Geschichte von Sammlungen erfreut sich derzeit regen Interesses. Orangerien finden dabei in

Abb. 48: Brüder Klauber:
Castrum doloris für Abt
Alexander Vogel (gest. 1756)
(Kat. 4.2.5)

der Regel keine Beachtung,[22] obwohl sie eindeutig
in dieser kulturellen Praxis verortet sind. Besonders
deutlich wird dies in Leonhard Sturms „Geöffneter
Raritäten- Und Naturalien-Kammer". Der Autor
präsentiert hier den idealtypischen Entwurf eines
„vollkommenen Raritäten-Hauses".[23] Dieser beschränkt sich nicht allein auf ein Gebäude mit einer
Folge von Räumen für verschiedene Sammelgebie-
te, sondern sieht auch eine Menagerie und einen

Garten vor.[24] Orangerien gehören dort zusammen
mit Bibliotheken, Kunstkammern und Naturalien-
kabinetten zu den „Räumen des Wissens":[25]

Leonhard Sturm: Die Orangerie als Erweiterung des Naturalienkabinetts

„Nach diesem fänden wir vor uns zu be-
schauen den Garten hinter dem Hause [...].

Der erste Theil des Gartens bestehet in vier grossen Parterren [...]. Auff diesen wären alle rare und ausländische Gewächse zu bestellen/ welche unsern Boden und Lufft durch Beyhülffe fleißiger und verständiger Cultur vertragen können. [...]

Der andere Theil enthält in sich die Orengerie in drey besondern Abtheilungen/ nehmlich [...] einen Platz vor die grosse Orengerie in Kübeln [...] erhabene dreyfache Terrassen/ auff denen eine grosse Anzahl kleinerer ausländischer Gewächse in Kübeln und Scherben Raum findet [...].

Das Winter-Hauß/ darinnen Winters über in theatralischer Austheilung [= in der räumlichen Anordnung eines Amphitheaters] die Gewächse/ ohnerachtet seines kleinen Raumes/ auff höltzernen Gerüsten bequemlich können zusammen gebracht werden." [26]

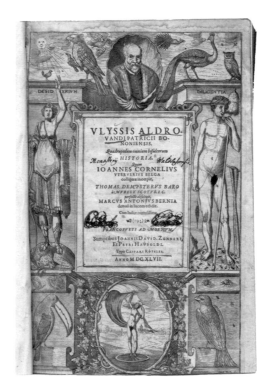

Abb. 49: Ulisse Aldrovandi, einer der großen frühneuzeitlichen Sammler, auf der Titelseite seiner „Quadrupedum omnium bifulcorum HISTORIA"

Das Interesse der Oberpfälzer Mönche an der zeitgenössischen Sammelkultur[27] bildet sich auch in den Amberger Buchbeständen ab. Aus Waldsassen stammt beispielsweise ein Standardwerk des berühmten Bologneser Gelehrten und Sammlers Ulisse Aldrovandi (1522–1605), die „Quadrupedum omnium bifulcorum HISTORIA" (Abb. 49).[28] Konkret befasste sich Eilenburgers Beschreibung des Dresdener Naturalienkabinetts von 1755 mit der zeitgenössischen Sammelpraxis (Abb. 50, Kat. 4.3.2). Sie wurde vom Kloster Ensdorf angeschafft, wo Anselm Desing ab 1743 eine naturkundliche Sammlung aufbaute. Über das wissenschaftliche „Armarium" der Benediktiner in Reichenbach ist kaum etwas bekannt. In ihren Bibliotheksbeständen ist jedoch das Interesse an Sammlungen ablesbar an Erwerbungen wie Linnés „Abhandlung von Naturalien-Cabinetten" (Kat. 4.3.4) oder dem Versteigerungsinventar, das die Bestände des „Museum Harrerianum" auflistet, die der verstorbene Regensburger Ratsherr Emanuel Theophil Harrer zusammengetragen hatte (Kat. 4.3.3).[29]

Für all diese Sammelaktivitäten gab es offenbar vor allem drei Motive: die Verherrlichung Gottes als

dessiné et gravé par M.Keyl.

Es haben seit vielen Jahren alle Naturverständige, und die meisten Fremden, welche die dresdnischen Seltenheiten betrachtet, einhällig gewünschet, daß von der hiesigen **königlichen** Sammlung der Naturalien einige Nachricht vorhanden seyn möchte. Zu Stillung eines so gerechten Verlangens, ist von dem gegenwärtigen, hohen Director derselben, Sr. Excellenz, dem Herrn Premierminister, Reichsgrafen von **Brühl** Befehl ertheilet worden, über solche einen kurzen Entwurf auszufertigen. Damit nun die dabey vorwaltenden, guten Absichten desto besser erfüllet werden möchten; so haben wir nicht nur, aus Liebe für unsere Nation, die Sprache unsers Vaterlandes, sondern auch, denen zum Dienste, die der deutschen Sprache unkundig sind, zugleich die, fast allgemein gewordene, französische erwählet. Man hoffet daher, nicht ohne Grund, daß die Liebhaber der Naturhistorie, welche in Zukunft die hiesigen Cabinetter besuchen möchten, sich auf das, was sie sehen wollen, desto nutzbarer gefaßt machen, und, durch diese Beyhülfe, sich hernach dessen, was sie hier gefunden, desto leichter wieder erinnern werden.

Es

Abb. 50: Abbildung in
C. H. Eilenburgers „Kurzem
Entwurf der königlichen
Naturalienkammer zu
Dresden" (Kat. 4.3.2)

Herr der Schöpfung, die ständische Repräsentation und die Bereitstellung von Medien für den Lehrbetrieb.[30] Doch auch die curiositas, die Neugier, die Faszination am Besonderen und Fremdartigen

– aus monastischer Sicht eigentlich ein Laster – wurde von Mönchen des 18. Jahrhunderts als weiterer Beweggrund eingeräumt.[31]

Eher unbewusst zog man aus Gärten, Orangerien und Naturaliensammlungen noch einen weiteren Gewinn, nämlich für die eigene Identität und Selbstvergewisserung. Michel Foucault rechnet Gärten und Museen zu den „Heterotopien", „anderen Orten" also, einer Art realisierter Utopien, die ihren Betrachtern und Nutzern einen Spiegel vorhielten. Indem sie aus der Alltagswelt heraus und in den „anderen Raum" des Gartens oder der Sammlung eintraten, konnten die Besucher wie in der virtuellen und doch gegenwärtigen Welt eines Spiegelbildes sich selbst erkennen, indem sie auf ihren Alltag, ihre Normalität mit einem distanzierten Blick zurückschauten.[32] Die Orangerie bietet hierzu eine zusätzliche Steigerungsstufe: Als kontrastiv-exotischer Bezirk innerhalb des Gartens ist sie ein „anderer anderer Ort", eine „Hetero-Heterotopie".

Kat. 4.3.1: Das Ensdorfer Naturalienkabinett
Verzeichniß der im Kloster Ensdorf vorhandenen Naturalien
StA AM: Landesdirektion Amberg 1118

Kat. 4.3.2: Vorbilder: Die Dresdener Naturalienkammer (Abb. 50)
*Eilenburger, Christian Heinrich: Kurzer Entwurf der königlichen Naturalienkammer zu Dresden [...],
Dresden/Leipzig 1755, 2 links und rechts*
PB AM: Hist.nat. 233 (Prov.: Ensdorf)

Kat. 4.3.3: Ein bürgerliches Beispiel aus der Region

Verzeichniß einer auserlesenen Naturaliensammlung [...], Regensburg 1787, Titelseite
PB AM: Hist.nat. 204 (Prov.: Reichenbach)

Kat. 4.3.4: Fachliteratur zur Sammelpraxis

[Linné, Carl von/Meidinger, Carl von (Übers.)]: Abhandlung von Naturalien-Cabinetten [...], Leipzig 1771, Titelseite
PB AM: Hist.nat. 1 (Prov. unbekannt; im Reichenbacher Bibliothekskatalog verzeichnet)

Orangeriepflanzen im Ensdorfer Bildungskosmos

In puncto Sammelpraxis war die Benediktinerabtei Ensdorf (Abb. 51; Kat. 4.4.1) führend in der Oberen Pfalz. Dies verdankte sie dem Wirken ihres bedeutendsten Konventualen, des Universalgelehrten Anselm Desing (1699–1772), der sich wie kein anderer Mönch der Region um die Bildung verdient gemacht hat – als Lyzeal- und Universitätsprofessor, als Planer des Mathematischen Turms in Kremsmünster, als Bibliothekar, Archivar und Sammlungscustos in Ensdorf und als Autor von Lehr- und Sachbüchern zu verschiedensten Wissensgebieten.[33]

Waren Desings Schriften an akademisch gebildete oder zu bildende Leser gerichtet, so schrieb sein zwei Jahre älterer Mitbruder Odilo Schreger (1697–1774) vor allem für die einfachen Leute. Seine volkstümlichen, vielfach aufgelegten Werke sollten auf unterhaltsame Weise belehren. Sie sind der Volksaufklärung und der Hausväterliteratur zuzurechnen, wurden also wohl oft von einzelnen lesekundigen Familienmitgliedern den übrigen Angehörigen des Hauses bei passender Gelegenheit zu Gehör gebracht. Aber auch Nachschlagewerke zu Gesundheit und Ernährung stammen aus seiner Feder.[34]

Im Kloster Ensdorf wirkten damit im 18. Jahrhundert zwei äußerst produktive Autoren auf zwei unterschiedlichen Gebieten des Bildungssektors. Es lohnt sich, in ihren Werken nach Stellen zu suchen, in denen Reflexe der zeitgenössischen Orangeriekultur zu entdecken sind.

Anselm Desing als Vermittler humanistischer Bildung

Nach Helmut-Eberhard Paulus ist die Orangerie in der Frühen Neuzeit ein allegorischer Ort, „der realisierte Traum von der Antike als Paradies" gewesen.[35] Mythologische Grundlage war die Erzählung von den Äpfeln der Hesperiden. Eine Orangerie war, so Paulus, „der Ort, an dem die Götter wohnen", war Apotheose.[36] Die Gleichzeitigkeit von Blüte und Frucht an den Zitrusbäumen, noch dazu im Winter, versinnbildlichte ewigen Frühling. In der Orangerie ging es „um die Inszenierung einer besonders ausgezeichneten Sphäre, die einem durch humanistische Bildung und Lebensweise ausgezeichneten Personenkreis den angemessenen exklusiven Rahmen bieten sollte".[37]

Solche Aussagen treffen für die höfische Sphäre sicher zu, verlieren aber ihre Allgemeingültigkeit, wenn man klösterliche Orangerien in die Betrach-

S. OTTO.
Episcop⁹ Bambergæ, Pomeraniæ Apostol⁹,
Ecclefiæ Enfdorffenfis Dotator, e Con-
fecrator 1123.   M.V.H. excud: Prif:

MUNDI MIRACULUM,
SEU
S. OTTO,
EPISCOPUS BAMBERGENSIS,
POMERANIÆ APOSTOLUS,
ET
Exempti Monafterii Ensdorffenfis Præci-
puus Dotator,
Cum ejusdem Monafterii Fundatorum,
Ottonis, Com. Palat. de Wittelfpach, ac Helicæ,
Conjugum, eorúmque Filiorum Hiftoria, antiquorum Ab-
batum ferie & Actis, Pontificum Bullis, Imperatorum, Regum, Cardinalium,
Epifcoporum, ac Principum Diplomatibus, Privilegiis, & Gratiis : quorun-
dam Monafteriorum Confœderationibus, Literis, & variis hactenus ineditis
Membranis; nec non Ejusdem S. Ottonis, & S. Sigismundi R. & M. Reli-
quiarum, Imaginum ab Heterodoxis facrilegè injuriararum, rerúm-
que aliarum hoc Monafterium concernentium noticia.
Collectore
F. ANSELMO MEILLER, hujus Ottoniani, & Exempti
Monafterii Ensdorffenfis Abbate poftliminiò reftituti Secundo.
Opufculum,
Quod Genealogis, Hiftoriographis, Chronologis, Antiquariis, Afcetis, & Verbi Dei
Præconibus ufui effe poterit,
Cum Permiffu, & Approbatione Superiorum Almæ & Exemptæ Congregationis Benedictino-Bavaricæ.
Sumptibus JOANNIS GASTL, Bibliopolæ Pedepontani,
MDCC.XXXIX.

Abb. 51: Der hl. Otto von
Bamberg und das Kloster
Ensdorf auf dem Frontispiz
von A. Meillers „MUNDI
MIRCULUM" (Kat. 4.4.1)

tung mit einbezieht. Es ist nicht damit zu rechnen, dass die Apotheose antiker, heidnischer Götter ein Anliegen der Prälaten war. Andererseits partizipierten die Mönche und Chorherren am humanistischen Bildungssystem und gehörten tendenziell zu dem erwähnten „ausgezeichneten Personenkreis", dem griechisch-römische Antike und Mythologie eine Art geistige Heimat boten.

Zur monastischen Bildung oder, wie man damals sagte, zur eruditio gehörte der Besuch einer höheren Schule, auf der man Latein- und Literaturkenntnisse in einem Zug erwarb. Anselm Desing (Abb. 52) hatte solchen Unterricht am Amberger Jesuitengymnasium genossen. Später wurde er als Autor von pädagogischen Schriften und Nachschlagewerken aktiv. Hier floss auch solches Wissen ein, das mit den humanistischen Wurzeln der Orangeriekultur im Zusammenhang steht.

Beispielsweise gibt der 7. Band von Desings „AVXILIA HISTORICA" einen Überblick über die „Universal-Historie", beginnend mit der Erschaffung der Welt. Gesichertes historisches Wissen (nach damaligem Kenntnisstand) und mythologische Erzählungen werden in den ersten Geschichtsperioden unbekümmert vermischt, und so folgen auf den biblischen Exodus einige Kapitel griechische Mythologie. Kurz und bündig fasst Desing darin die elfte Herkulesarbeit zusammen:

Anselm Desing:
Die elfte Herkulesarbeit

„Im Morenland hatten die Töchter des Hesperi, die man Hesperides heisset, einen Garten. Da trugen die Bäume der Juno güldene Aepffel: vor der Thür war ein allzeit wachender und Feyerspeyender Drach: diesen tödtete Hercules, und nahm die Aepffel weg."[38]

Desings „INDEX POETICUS" (Kat. 4.4.2) ist die Abstammung der Hesperiden zu entnehmen: Ihr Urgroßvater sei „COELUS" gewesen (gemeint ist Uranos), ihr Großvater Japetus, der Vater Hesperus, auch „Lucifer", „Vesper" oder „Phosphorus" genannt. Dessen Töchter, die „Hesperiden" eben, trugen die Namen „Ægle, Arethusa, Hespertusa".[39] Im „INDEX" wird auch der Hesperidenmythos etwas ausführlicher erzählt:

Abb. 52: Porträt des Ensdorfer Universalgelehrten P. Anselm Desing

Anselm Desing:
Der Hesperidenmythos

„Elfte Arbeit. In Mauretanien gab es Gärten, in denen Bäume standen, die goldene Äpfel trugen, welche Juno dem Jupiter als Heirats-

gut geschenkt hatte. Bewacht wurden sie von den Hesperiden und besonders von einem schrecklichen Drachen, der niemals schlief und mit hundert Köpfen versehen war. Hierhin eilte Herkules und befreite den vom Tragen des Himmels müden Atlas zeitweise von seiner Last, indem er selbst den Himmel trug. Danach raubte er, nachdem der Drache getötet war, die Äpfel."[40]

Grundlage der humanistischen Bildung war die sichere Beherrschung des Lateinischen und die Kenntnis der antiken Autoren. Den Weg dorthin sollte u. a. die „PORTA LINGUÆ LATINÆ" (Kat. 4.4.3), also das „Tor zur lateinischen Sprache" eröffnen, ein Lehrwerk, das zwischen 1727 und 1809 in neun Auflagen erschien.[41] Darin wurde Anfängern in der lateinischen Sprache ein Grundwortschatz vermittelt. Das Buch ist in thematische Kapitel gegliedert, deren achtzehntes „Von Feld-Bau, Blumen, Kräutern, und Bäumen" handelt. Unter den Bäumen sind nicht nur einheimische Gehölze angeführt, sondern auch die folgenden Vokabeln:

Anselm Desing: Von Feld-Bau, Blumen, Kräuteren, und Bäumen

„Feigen, ficus [...]
Pomerantz-Baum, malus aurea.
Pomerantz, malum aureum.
Lemoni-Baum, citrus [...]
Lemoni, Citron, citrum [...] malum cítrinum.
Granat-Apfel, púnicum malum. [...]

Lorbeer-Baum, laurus [...]
Lorbeer, bacca [...]
Cypreß-Baum, cupressus [...]
Von Cypressen, cupréssinus [...]"[42]

Was wie eine Nebensächlichkeit wirkt, ist doch aussagekräftig: Orangeriepflanzen – und zwar nicht nur die Klassischen Pflanzen! – gehörten zum Basiswortschatz und damit zu den Grundlagen einer Bildung nach Desings Idealen.

Wer diese Bildung erlangt hatte, gehörte zu einer Gruppe von „Eingeweihten". Dies zumindest suggeriert ein archäologisches Werk aus den Beständen des Benediktinerklosters Ensdorf, die „Abbildungen der Gemälde und Alterthümer, welche seit 1738. [...] in der verschütteten Stadt Herkulanum [...] an das Licht gebracht worden". Auf der Titelseite der Stichfolge ist links Herkules dargestellt, unschwer zu erkennen an Keule und Löwenhaut (Abb. 53; Kat. 4.4.4). Die Darstellung Georg Christoph Kilians weist bei näherem Hinsehen einen paradoxen gestalterischen Einfall auf: Gezeigt wird hier das Verbergen. Was hält Herkules, versteckt hinter seinem Rücken, in seiner linken Hand? Ein Gebildeter des 18. Jahrhunderts, der in der Götter- und Heroenwelt der Antike zuhause war, wusste die Antwort.

1546 wurde in Rom bei Abbrucharbeiten in den Caracalla-Thermen eine antike Herkulesstatue entdeckt. Durch ihre Aufstellung im Hof des Palazzo von Kardinal Alessandro Farnese erhielt sie ihren Namen: „Herkules Farnese".[43] Die Skulptur zeigt den Heros nach seiner elften „Arbeit": Hinter sei-

Abb. 53: Titelkupfer von G. Chr. Kilians Stichfolge über die Ausgrabungen in Herculaneum; links Herkules (Kat. 4.4.4)

Abb. 54: H. Goltzius: Herkules Farnese (Kat. 4.4.5)

nem Rücken verbirgt er die geraubten Hesperiden-
früchte (Abb. 54; Kat. 4.4.5). Zahlreiche Kopien
stehen bis heute in europäischen Schlossgärten.
Während aber bei der Skulptur die Frage nach den
auf Herkules' Rücken verborgenen Objekten durch
Umschreiten beantwortet werden konnte, waren
Betrachter von Kilians Stich auf ihre Bildung ange-
wiesen. Ohne mythologische Kenntnisse verfiel
man womöglich nicht einmal auf die in dem Bild
enthaltene Frage. Der Wissende hatte Frage *und*
Antwort parat. Das Betrachten und Verstehen des
Motivs bescherte ihm Selbstvergewisserung und
Zugehörigkeitsgefühl und gleichsam einen inneren
Schulterschlag.

Odilo Schreger als Vertreter der Volksaufklärung

Ganz andere Wege als Autor ging Desings Mitbruder
Odilo Schreger.[44] Ein Teil seiner Schriften wandte sich
ausdrücklich an Leser ohne höhere Schulbildung, die
der sozialen Mittelschicht in Stadt und Land zuzurechnen waren. Hier reichte es, wenn ein Familienan-
gehöriger lesen konnte; er (meist war es wohl der
„Hausvater") war der Vorleser für die ganze Familie.
Aus Schregers Büchern konnte sie Unterhaltsames
und zugleich Nützliches entnehmen, beispielsweise
seinem Werk „Zu nutzlicher Zeit-Anwendung Zusamm getragener Auszug der Merckwürdigsten Sachen" (Kat. 4.4.6). Etwas von den Wundern der gro-

ßen, weiten Welt wehte in die abendlichen Wohnstuben auch in der tiefen Provinz, denn Schreger hatte sein Buch „für diejenige" geschrieben, „die zu Haus verbleiben, und doch allerhand merckwürdige Sachen gern zu wissen verlangen. O wie Wunder-süß ist es einem solchen, wann er aller Länder und Völcker Geheimnussen und Natur ausspähen, und alles Merckwürdige in der Welt besichtigen kan; und dieses hinter dem Ofen, ohne Regen und Schnee, was doch andere mit gröster Lebens-Gefahr, Schiffbruch, und andern Jammer und Noth offt suchen, und doch selten, oder gar nicht finden."[45]

Und so erzählt Schreger auch von merkwürdigen Gewächsen aus fernen Ländern und aus den Gärten großer Herren, die die Leser niemals betreten würden:

Odilo Schreger: Merckwürdigkeiten von allerhand vermischten Sachen

„Granadill- oder Paßions-Blum sihet einer weissen Rosen gleich: in der Mitte hat sie einige Figuren des Leydens Christi, nemlichen eine Saule, bey welcher unten 5. runde und rothe Blätlein, wie Bluts-Tröpflein ligen; oben aber 3. Aestlein wie Nägel, um welche sich eine dörnere Cron schlinget. Diese Blum ist anfänglich von Peru aus America zu uns gebracht worden, und wird nun auch in Europa in etlichen Gärten angetroffen [...]. Jn dem Gräflich-Nostitzischen Garten zu Proven, blühete im Jahr 1744. bey später Jahrs-Zeit nemlich in dem November, eine vor 70. Jahren gepflantzte Americanische

Aloe [= Agave]. Ihr Umfang ware von 10. Ellen, und ihre Blätter waren so starck, daß ein Mann ohne Schaden sicher darauf stehen könte. Jn der Cron befande sich ein Hönig-süsse Feuchtigkeit, welche klärer ware als der Wein [...].

Citronen und Pomerantzen wachsen in Welschland, in solcher Menge, daß fast alle mittägige Europäische Länder damit angefüllet werden. Sie wachsen auch häuffig in Spanien und Portugall, wie dann gantze Schiff und Wägen-voll Citronen und Pomerantzen in andere Länder abgeführet werden. Jn der Provintz Murcia in Spanien, in einem Franciscaner-Closter-Garten wachsen die Citronen so groß, als ein Menschen-Kopff. Zu Bilbao in Spanien ist das Land so fruchtbar an Citronen und Pomerantzen, daß man um einen Maravedis (etwann ein paar Pfenning) deren so viel kauffen kan, als ein Esel tragen mag."[46]

Schregers Schrifttum wird der Hausväter-Literatur und der Volksaufklärung zugerechnet. Leicht fasslich und unterhaltsam sollte das Weltwissen auch solcher Leute erweitert werden, die keinen Zugang zu Bibliothek und anderen Bildungsinstitutionen hatten. Nicht erst das späte 20. Jahrhundert, sondern bereits die Aufklärung ist als die Entstehungszeit des modernen „Edutainments" anzusehen. Auch Schregers „Haus-Apothecke" und sein „Speiß-Meister" stehen im Dienst der Volksaufklärung. Damit betreten wir aber ein anderes Feld.

Kat. 4.4.1: Bischof Otto von Bamberg und das von ihm gegründete Kloster Ensdorf (Abb. 51)

Meiller, Anselm: MUNDI MIRACULUM, SEU S. OTTO, EPISCOPUS BAMBERGENSIS, [...] ET [...] Monasterii Ensdorffensis Præcipuus Donator [...], Stadtamhof 1739, Frontispiz und Titelblatt
PB AM: Vitae 423 (Prov.: Michelfeld)

Kat. 4.4.2: Der Hesperiden-Mythos in der Fassung Anselm Desings

Desing, Anselm: INDEX POETICUS..., Ingolstadt/ Augsburg 31758, 192
PB AM: Gram.l.ant. 127 (Prov.:Reichenbach)

Kat. 4.4.3: Mediterrane Pflanzennamen im Grundwortschatz des Lateinunterrichts

Desing, Anselm: PORTA LINGUÆ LATINÆ [...], München/Ingolstadt 51766, 128f.
PB AM: Gram.l.ant. 126 (Prov.: Ensdorf)

Kat. 4.4.4: Rätselspiel für Gebildete: Was verbirgt Herkules hinter seinem Rücken? (Abb. 53)

Murr, Christoph Gottlieb von /Kilian, Georg Christoph: Abbildungen der Gemälde und Alterthümer, welche seit 1738. [...] in der verschütteten Stadt Herkulanum [...] an das Licht gebracht worden [...] 1. Teil [...], Augsburg 1777, Titelseite der Stichfolge
PB AM: Antiquit. 39(1 (Prov.: Ensdorf)

Kat. 4.4.5: Des Rätsels Lösung: Der „Herkules Farnese" mit den Früchten der Hesperiden (Abb. 54)

Goltzius, Hendrik: Herkules Farnese, 1617
GNM N: Inv. Nr. K 20413, Kapsel 1514

Kat. 4.4.6: „Merckwürdigkeiten" über Orangeriepflanzen

Schreger, Odilo: Zu nutzlicher Zeit-Anwendung Zusamm getragener Auszug der Merckwürdigsten Sachen [...], Stadtamhof 21756, 664
PB AM: Var. 101 (Prov.: Ensdorf)

Das leibliche Wohl – Klostermedizin und Küche

Hesperidin und Citral, Limonen (mit langem „e" und betont auf der letzten Silbe!) und Naringin – schon die Namen dieser pflanzlichen Inhaltsstoffe verraten dem Orangerie-Liebhaber, dass es sich um Substanzen aus Zitrusfrüchten handeln muss. Nicht nur ihr Reichtum an Vitamin C macht die Agrumen, wie man sie auch nennt, medizinisch bedeutsam, sondern zudem eine Vielfalt weiterer Wirkstoffe.[47] Auch wenn man diese in der Frühen Neuzeit noch nicht kennen konnte, waren Zitrusfrüchte ein fester Posten in den Kräuterbüchern, die die Heilwirkungen von Pflanzen beschrieben. So findet man in Ryffs „Newe[r] Außgerüste[r] Deütsche[n] Apoteck" (in der Auflage von 1602) folgendes Kapitel:

Walther Ryff: Von Pomerantzen

„DIE Pomerantzen seynd den Citrinaten [= Zitronatzitronen] oder vorbeschribenen Oepffeln an der Gestalt vnd Form nit vngleich: wann daß sie vil kleiner seind/ vnd/

*als etliche wöllen/ ein Geschlecht der Citri-
natenöpffel. Die Rinden daruon werden
auch eingemachtet zu vilerley Gebresten vnd
Mängel: sein warmer Natur/ dienen dem
kalten Magen vnd jnnerlichen Glidern/ mögen auch für alles Vergifft genützt werden.
Die Rind ist bitterer dann der Citrinatöpf-
fel/ darumb mustu sie vorhin etlich Tag in
Wasser oder inn einer scharpffen Laug
beitzen/ daß sie mild vnd mürb werden/
vnd den bitteren Geschmack verlieren. Also
magstu auch wol den kleinen vnzeittigen
[= unreifen] Pomerantzen/ oder dem Win-
ter-Obs thun/ vnd dieselbige also gantz ein-
machen. Wann nun die Pomerantzenschölet
[= -schale] oder Rind wol durchbeitzet ist/
vnd jhr der bitter/ vnlieblich vnd herb Geschmack vergangen/ so schab vnnd reinige
sie von der jnnwendigen Vberflüßigkeit der
weissen Häutlin: laß sie ein wenig truckne:
lege sie inn gesottenen Zucker/ etliche Tag
zu beitzen. Wiltu sie dann dürr haben/ ohn
einen Syrup/ so geuß jhn herab/ vnd laß sie
an eim warmen Ort/ oder inn eim Becken
ob dem Fewr wol trücknen/ mit stehtigem
vmbwenden und bewegen/ daß sie nicht an-
hangen oder verbrennen: magst sie auch wol
in dem Syrup von Zucker ligen lassen. Also
thu auch mit den gantzen Pomerantzen.
Dises Confect ist fast anmütig vnd lieblich:
mag in aller maß vnd gestalt gebraucht wer-
den/ wie von der Citrinatschölet gesagt ist:
sterckt den erkalten Magen/ Däwung/ das*

*Hertz/ Hirn/ vnd alle jnnerliche Glider wer-
den daruon erwärmet: ist alten Leuthen fast
[= fest] dienstlich. […]
Der Safft von den frischen Pomerantzen
außgetruckt/ ist ein köstliche Salsen [= Soße]
zu der Speise/ bringt Lust zu Essen/ vnd le-
schet den Durst kräfftiglich Sommerszeitten/
oder inn schweren hitzigen Febern vnd andern Kranckheiten."*[48]

Ein traditionelles klösterliches Kompetenzfeld war
die Sorge um die Gesundheit der Mönche, aber auch
der Klosteruntertanen, so dass man heute von einer
eigenen „Klostermedizin" spricht.[49] Literatur wie
Ryffs „Apoteck" gehörte daher zum Grundbestand
einer Klosterbibliothek. Ebenso wird aber in vielen
Fällen der Klostergarten für den Anbau von Arznei-
pflanzen genutzt worden sein. Auch die Pflanzen der
Orangerien konnten hier Verwendung finden. Daneben waren Früchte und Gewürze eine wertvolle Be-
reicherung des Speisezettels, für die auch keine der
klösterlichen Fastenregelungen galt. In der Tat gibt
es Quellen, nach denen Orangeriefrüchte, zumindest
Feigen, in den Abteien als Tafelobst serviert wurden.
Balsam vermutet wohl zu Recht, dass Orangerien in
Klöstern häufiger als in adeligen Kontexten auf den
Nutzgarten bezogen waren.[50]

Medizinische Literatur aus Waldsassen
Geht man nach den erhaltenen Buchbeständen der
verschiedenen Abteien, so war hier in der Oberen
Pfalz offenbar das Zisterzienserkloster in Waldsassen führend, von dem die Provinzialbibliothek über

250 Bände medizinischen Schrifttums verwahrt. Einige Beispiele mögen einen Eindruck vermitteln. In der Anschaffungspolitik der Klosterbibliothek spiegelt sich vereinzelt ein medizinisches Interesse an exotischen Pflanzen wider. Eine eigene Monographie befasst sich allein mit der Heilkraft der Aloe (Abb. 55; Kat. 4.5.3). Einige diätetische Schriften widmen sich den damals modernen und modischen Genussmitteln Kaffee, Tee, Kakao und Tabak, denen man mannigfache Heilwirkungen zuschrieb.[51] Beispiele sind Abhandlungen von Meisner (Abb. 56; Kat. 4.5.4) oder Ledesma,[52] aber auch Dufours „Tractätgen, von dem Trancke Cafe, Sinesischen The und der Chocolata" (Abb. 33; Kat. 3.20).

Durch einen archivalischen Zufallsfund wissen wir, dass diese Getränke im Waldsassener Konvent regelmäßig konsumiert wurden. Ein dortiger Mönch hatte auf der Suche nach Konzeptpapier für Entwürfe zu einer Bischofs- und einer Päpsteliste nach nutzlos gewordenen „Substanzzetteln" gegriffen und sie so unabsichtlich der Nachwelt erhalten.[53] Es handelt sich dabei um Inventare, die die Mönche zu Beginn der Fastenzeit von der Habe in ihren Zellen anfertigten, sicher als Grundlage einer Selbstbesinnung auf die rechte Verwirklichung des monastischen Armutsgelübdes. In diesen Substanzzetteln nun tauchen regelmäßig Kaffee, Tee und Trinkschokolade sowie entsprechendes Geschirr auf. Anders als es die Vorschriften der Oberdeutschen Zisterzienserkongregation vorsahen, standen diese Konsumgüter jederzeit zur Verfügung. Rechtfertigen konnte man dies wohl mit medizinisch-diätetischen Argumenten, indem man weniger den Genuss als vielmehr den gesundheitli-

chen Aspekt betonte. Zumindest verzeichnet P. Gerhard Spiz in seinem Substanzzettel: „Thee, Coffee- und andre Geschür, Zucker und andre Schachtl, Zucker, Lebzelter, Choccalat und andre Magn Stärkungen".[54] Ist es ein Zufall oder gibt es einen Zusammenhang? Die erhaltenen Waldsassener Substanzzettel entstanden in den Jahren 1784 bis 1787. Just in dieser Zeit besuchte der erwähnte Johann Michael Füssel Waldsassen und sah in der dortigen Orangerie den Kaffeebaum, den er in seinem Reisebericht beschreibt.

Andere Schriften aus der Waldsassener Bibliothek widmen sich der ganzen Breite der damals bekann-

adfpirare fapientia, ut Spiritu Do-
mini adjutus, omnia ad Majorem E-
jus Gloriam , proximi utilitatem ,
atque Rei publicæ Medicæ decus ,
ac honorem agam.   Sit itaque.

DE POTU CAFFE
ANACRISIS.
SECTIO I.
Nomen , naturam , locum , tempus
Caffé à quo in ufu fit , complectitur.

§. I.

AUthores, qui de *Caffé* fermonem fecére,
illud ad fabarum genus referunt ob
affinitatem, quam cum illis habet : octoa-
ginta circiter abhinc annis adeò paucis in-
notuerat, ut à pluribus *morum* nuncupa-
retur, prout in quodam folio *Lutetiæ* ty-
pis dato legere eft, cùm tunc in noftris re-
gionibus forbitio hæc in ufum revocari
inciperet. Imò & nunc etfi invaluerit ,
mirum quantum circa ejus nomen & qua-
litates Authores difcrepant. Quidam enim
antequam in pulverem redactum fit , no-
minandum effe cenfent latinè *Bunchum*,
gallicè !*Bon* : alij in pulverem redacto alia
& varia nomina ipfi imponunt , nempe
caffé , *café* , *cophé* , *cavé* , *cavet* , *cahué* ,
caveé-

Caffe

Birckart fc:

Abb. 56: *Der Kaffee in der „ANACRISIS" des Arztes L. F. Meisner (Kat. 4.5.4)*

ten Arzneimittel und der Nahrungspalette. Auch hier stößt man auf typische Orangeriepflanzen und andere exotische Gewächse, allerdings eingereiht zwischen viele weitere Naturprodukte. Ein Nachdruck von Johannes de Cubas zuerst 1484 erschienenem „Kreutterbůch" (Kat. 4.5.1) aus dem Jahr 1533 ist von der Orangeriekultur noch gänzlich unberührt. Interessant ist hier die Systematik: Unter der Rubrik „Epffel" werden neben dem heimischen Apfel auch „Citrinat öpffel", „Granatöpffel" und „Pomerantzen" behandelt (Abb. 57).[55] Die Zusammenstellung ist Resultat der aus der Antike übernommenen Signaturenlehre. Aus den äußeren Merkmalen wurde auf die innere Wirkung geschlossen, gleiche Merkmale deuteten daher auf gleiche pharmazeutische Anwendbarkeit hin: „DIe öpffel/ sunderlich die zahmenn/ stercken vonn ihres gůten geruchs wegen/ das hertz vnnd hirn/ seindt gůt denen die das abnemen [= ungesunder Gewichtsverlust] haben/ auch den Melancholischen [...]".[56] Walther Ryffs schon zitierte „Deütsche Apoteck" stellt Pomeranzen und Limonen als (offenbar durchaus verbreitete) Importware dar, nicht als Orangeriefrüchte: Sie wurden „zu vns auß Welsch-Land gebracht/ frisch vnnd inn Saltzwasser eingelegt".[57] Elsholtz' „DIÆTETICON" (Kat. 4.5.2) präsentiert in Text und Bild neben vielen anderen pflanzlichen Produkten auch Kaffee, Tee, Ingwer, Zuckerrohr, Zimt, Pfeffer, Muskat und Nelken – und selbstverständlich verschiedene Zitrusfrüchte (Abb. 58). Er ist botanisch deutlich besser informiert, folgt aber nach wie vor der traditionellen Humoralpathologie, die alle Pharmaka nach den vier Merkmalen „feucht", „trocken", „kalt" und „heiß" klassifiziert:

Johann Sigismund Elsholtz: Medizinische Klassifizierung der Zitrone

„Das Temperament der Citronen kan nicht gleichförmig gesetzet werden/ weil sie [...] aus dreyen stücken bestehen. Das erste ist Cortex, die eusserliche gelbe Schale/ welche Hitzig und Trucken im 2. grad. Das ander ist Pulpa, das Fleisch oder die weisse Haut/ welche zwar einige Kälte und pflegmatische Nahrung geben kan/ aber hart zu verdawen ist/ [...]. Das dritte ist Medulla, das Marck/ in welchen der Safft/ Kalt und Trucken [...] im 3. grad/ enthalten."[58]

Es muss auch aus medizinischer Sicht bequem gewesen sein, in den klösterlichen Orangerien auf Zitrusfrüchte, Granatäpfel und die Blätter der Aloe zurückgreifen zu können. Leider schweigen die Quellen darüber, ob und wie häufig dies geschah. Die Selbstverständlichkeit, mit der seit dem 16. Jahrhundert diese Pflanzen als Pharmaka behandelt werden, zeigt aber auch an, dass sie auf den Märkten Mitteleuropas mit einiger Zuverlässigkeit gehandelt wurden. Nur so ist im übrigen auch das Tauf-, Hochzeits- und Beerdigungsbrauchtum um die Zitrone denkbar, das seit dem 17. Jahrhundert in Deutschland nachweisbar ist.[59] Man konnte ermitteln, dass 1750 in Fürth eine Zitrone so viel kostete wie ein Liter Bier.[60] Dass sich selbst die kleinen Leute Zitronen als Heilmittel leisten konnten, um beispielsweise Infektionen zu bekämpfen, wird überdies aus einem Büchlein des Ensdorfer Benediktiners Odilo Schreger ersichtlich.[61]

Odilo Schregers „Haus-Apothecke"

Eine regelrechte Klosterapotheke gab es im Kloster Ensdorf nicht, aber als Prior oblag Schreger auch die Verantwortung für die Kranken im Haus. Offenbar konnte er auf eine langjährige Erfahrung zurückgreifen, als er 1769, also schon 72-jährig, als sein vorletztes Werk die „Haus-Apothecke" herausgab (Kat. 4.5.6). Daneben kannte Schreger bewährte volksmedizinische Hausmittel und kompilierte den Text wie gewohnt auch aus allerlei Büchern seiner Klosterbibliothek. Das Oktavbändchen passte in jede Tasche und konnte so im Bedarfsfall jederzeit konsultiert werden. Zielgruppe waren wieder die einfachen Leute mit Elementarschulbildung, die zumindest ausreichende Lesefähigkeiten besaßen.

Auch für Odilo Schreger war der pharmazeutische Gebrauch von Produkten typischer Orangeriepflanzen selbstverständlich, was einmal mehr belegt, dass sie auf den Märkten oberpfälzischer Städte verfügbar waren. Er empfiehlt unter anderem:

Odilo Schreger:
Kleine Haus-Apothecke

„Für einen verderbten Magen.
Mische Citronenschaalen-Syrup, und Zimmet-Wasser unter einander, und nimms Löffelweise ein.

Für den Schlucken [= Schluckauf].
Dieser Zustand rühret meistens her von einer sauren Schärfe im Magen. Nimm das Saure von einer Citronen ein.

Für die rothe Ruhr.
Die rothe Ruhr (Dysenteria) grassiret meistentheils im Herbst, nämlich im August und September, da wir heisse Tage und kühle Nächt, und oft abwechslende Witterung haben; mithin sich die Leute sehr oft auf Erhitzungen erkälten. [...] Wer diese Krankheit an sich hat, soll nicht gleich etwas zum Stopfen gebrauchen, sondern warten, bis der Leib durch Medicin gereiniget ist. Er soll sich wohl warm halten, und wenig essen, auch anstatt des Biers gekochte Gersten- oder Haber-Wasser mit Citronensaft und Hirschhorn trinken.

Für die Windwassersucht.
Windsucht (Tympanitis) ist ein von Wind aufgeblasener Bauch, welcher so hart ist, daß er, wenn man mit dem Finger darauf klopfet einen Schall von sich giebt; daher sind hier solche Mittel vonnöthen, welche die Winde und zähen Säfte zertheilen. Nimm die Essenz von Pomeranzen-Schaale, oder von Chamillen öfters ein.

Die Augen gut zu erhalten.
Mische Lorbeer-Schalen unter den Taback, und rauche ihn.

Für ein Geschwär am Zahn-Fleisch.
Siede Feigen in Milch, und nimm sie öfters in Mund. Oder brate eine Feigen, und lege sie fein warm auf.

Für den Frosch unter der Zunge.
Nimm Granaten-Schalen, trocknen Ysop und Salz, so viel du willst, und nimm davon öfters

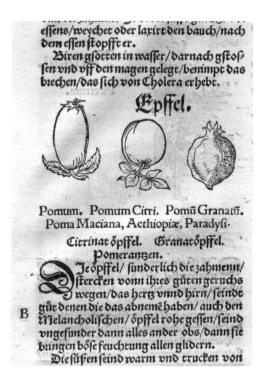

etwas unter die Zunge. Oder nimm Granaten-Schalen, Alaun, Rosen-Hönig und Wegerich-Wasser, und laß alles ein wenig aufsieden.

Für Sommer-Flecke.

Sie rühren her von einer verdickten Zähigkeit des Geblüts, welche bey den heissen Sommer-Tagen heraus gezogen wird. Aeußerlich kann man brauchen nachfolgende Mittel. Sied Reis in Wasser, und wasche damit Morgens und Abends das Gesicht [...] Oder mische Salz unter Limoniensaft, und bestreich es damit.

Für die Runzeln in dem Angesichte.

Sied Gichtrüben-Wurzel und Feigen in Wasser, und wasche fleißig das Gesicht damit.

Für die Leber-Flecke.

Wasche dieselben fleißig mit deinem Urin. Oder bestreich solche mit Citronen-Saft, oder Weinstein-Oel.

Für eine schwere Geburt.

Die schwangeren Weiber sollen täglich um die Zeit ihrer Niederkunft etliche gebratene Feigen essen, so werden sie leichter gebähren.

*Für den übermäßigen Durst
in der Krankheit.*

*Hier ist das beste Mittel den Durst zu lö-
schen, das Wasser, absonderlich wenn solches
mit andern Dingen versüßet, oder gesäuert
wird. Thu unter das Wasser, so du trinkest,
Veilgen-Saft, oder Salpeter-Kügelein, oder ein
wenig Essig, oder Citronen-Saft, Himbeer-
Saft, oder andere dergleichen Säfte."*[62]

Odilo Schregers „Speiß-Meister"
Odilo Schreger wurde auch auf dem Gebiet der Er-
nährungskunde schriftstellerisch tätig, indem er 1766
den „Speiß-Meister" veröffentlichte (Kat. 4.5.5), im
Untertitel näher charakterisiert als „Nutzlicher Unterricht Von Essen und Trincken/ Was, und wie man
nemlich zu Erhaltung seiner Gesundheit Essen und
Trincken solle". Der Autor beschränkte sich dabei
nicht allein auf Rezepte und die Beschreibung von
Wirkweisen verschiedener Lebensmittel. Vielmehr
enthielt die Schrift, wie es im Titel weiter heißt, auch
„lustige Sachen" „zur Aufmunterung eines melancholischen Gemüths". Noch war die Medizin keine
rein mechanistische Wissenschaft. Als später Erbe der
antiken Humoralpathologie sah Schreger die vier Kör-
persäfte – Blut, Schleim, gelbe und schwarze Galle
(háima, phlégma, cholé und melancholía) – in der
Beschaffenheit von Körper und Gemüt zugleich am
Werk, weshalb eine entsprechende Diät ebenfalls
Psyche und Physis zu berücksichtigen hatte.[63]
Im 5. Teil des Buches „Von dem Gewürtz" findet
man zwischen Petersilie und Kapern das Kapitel
„Von den Citronen und Pomerantzen". Auch hier

geht es nur teilweise um diätetische Ratschläge.
Zunächst steht – charakteristisch für Schreger –
das Anekdotische im Vordergrund. Hierbei zitiert
der Autor sich auch ungeniert selbst:

Odilo Schreger: Von dem Gewürtz
„XXIII. Capitel.

Von den Citronen und Pomerantzen.

*1. Citron ist ein schöne und angenehm-rie-
chende Baum-Frucht, in der Figur wie ein
Apfel. Die Citronen seynd grösser als die
Lemonien. Die äusserliche gelbe Schaale ist
hitzig und trocken im andern Grad, die in-
nerliche weisse Haut ist kalt, und wird nicht
gebraucht, das Marck, darinn der Saft, ist
kalt und trocken.*

*2. Die Citronen und Pomerantzen kommen
aus Welschland zu uns, allwo sie häufig wachsen. Sie wachsen auch in Franckreich, Portugall, Savoyen und absonderlich in Spanien,
allwo gantze Wälder und Felder voll seynd.*

*3. In Toscana bey dem Flecken Santa Petra
giebt es grosse Citronen, die inwendig noch
eine andere Limonie haben, und wann auch
diese zerschnitten sind, findet sich bisweilen
noch eine dritte.*

*4. In Spanien zu Bilbao einer Handels-Stadt,
wachsen so viel Citronen und Pomerantzen,
daß man um einen Maravedis (etwann ein
paar Pfennig) so viel kauffen kan, als ein Esel
tragen mag.*

5. In Spanien in der Provintz Murcia gibt es

in einem Franciscaner Closter Citronen so
groß als ein Menschen Kopf.
6. Der Citronen- und Limoniensaft schicket
sich gar wohl zu den Fleisch- und Fischspei-
sen; indem er dieselbe mürber und zarter
machet, und folglich zur geschwindern Ver-
dauung vieles beytraget. Er dienet auch in
hitzigen Kranckheiten; weilen er so wohl die
Hitze, als den Durst trefflich löschet, das
Herz, Leber, Nieren und Miltz anfeuchtet,
und vor der Faule bewahret.
7. Die eingemachte Citronen-Schalen erwär-
men und stärcken den kalten und schwachen
Magen, befördern die Dauung, machen Ap-
petit zum Essen, widerstehen der Faulung,
und zertheilen die Winde, seynd auch gut
zur Zeit der Pest, und in bösen Lüfften.
8. Die eingemachte Pomerantzen-Schalen
seynd noch kräfftiger, indem sie den Magen
noch besser stärcken, auch die Winde weit
gewaltiger zertheilen und austreiben."[64]

Schregers „Haus-Apothecke" und sein „Speiß-Meister" stehen „für die zwei Säulen, auf denen die Klostermedizin ruhte: 1. den klösterlichen Arznei- und Therapieschatz […] und 2. die bewusste Gesundheitsvorsorge nach antikem Vorbild der Diätetik. Mit ihrem praktisch-lehrhaften Anliegen fügen sich sie medizinischen Ratgeber, deren ‚Nützlichkeit' in den Vorreden ausdrücklich postuliert wird, zudem trefflich in die volksaufklärerischen Bestrebungen des 18. Jahrhunderts."[65]

Kat. 4.5.1: Medizinische Informationen über „Epffel" (Abb. 57)

Johannes de Cuba [= Wonnecke, Johannes]:
Kreutterbůch von allem Erdtgewächs […],
Frankfurt/M. o. J. [1533], CLXV
PB AM: Med. 26(1 (Prov.: Waldsassen)

Kat. 4.5.2: Diätetische Informationen über Zitrusfrüchte (Abb. 58)

Elsholtz, Johann Sigismund: DIÆTETICON:
Das ist/ Newes Tisch-Buch […], Cölln/Spree 1682,
Kupfer neben S. 84
PB AM: Technol. 71 (Prov.: Waldsassen)

Kat. 4.5.3: Architektonische Würdeformen zu Ehren der Heilpflanze Aloe (Abb. 55)

Minderer, Raimund: ALOEDARIVM
MAROCOSTINVM […], Augsburg 1616, Titelkupfer
PB AM: Med. 441a (Prov.: Waldsassen)

Kat. 4.5.4: Diätetischer Ratgeber zum Kaffee-, Kakao-, Tee- und Tabakgenuss (Abb. 56)

Meisner, Leonhard Ferdinand: DE CAFFE,
CHOCOLATÆ, HERBÆ THEE ac NICOTIANÆ […]
ANACRISIS [...], Nürnberg 1721, Kupfer neben S. 6
PB AM: Med. 429 (Prov.: Waldsassen)

Kat. 4.5.5: Diätetische Ratschläge von P. Odilo Schreger

Schreger, Odilo: Speiß-Meister/ Oder Nutzlicher
Unterricht Von Essen und Trincken […], München
Stadtamhof 1766, Titel
SB BA: Oec.o.292

*Abb. 59: Granatapfel-Motiv auf einer Stuhlwange
im Waldsassener Laiengestühl (Kat. 4.6.3)*

Kat. 4.5.6: Orangeriepflanzen als Hausmittel für Kranke

[Schreger, Odilo:] Kleine Haus-Apothecke, oder: Sammlung der besten Haus-Mittel für Kranke in der Stadt und auf dem Lande [...], Augsburg 1774, Titel
SStB A: H 2061

Geistliche Symbolik

Orangeriepflanzen-Motive in Architekturschmuck und Ausstattung der Klöster

Die Faszination, die von den Orangeriepflanzen ausging, und ihre reichhaltige Symbolik bewirkten, dass sie ihre Spuren auch in der Kunst der Klöster hinterließen. Oft werden sie dort erst auf den zweiten Blick wahrgenommen. In der mächtigen ehemaligen Stiftskirche in Waldsassen beispielsweise wird der Blick des Besuchers durch die Dimensionen des Gebäudes unwillkürlich nach oben gezogen. Mustert man jedoch beim Durchschreiten das Spalier der geschnitzten Stuhlwangen am eichenen Laiengestühl, so offenbart sich dem Auge ein frugales Ensemble von Motiven. Weintrauben, Walnüsse, Esskastanien, Sonnenblumen, Mohn, Eicheln und Akanthus sind vertreten. Weitere Früchte, die weniger naturgetreu dargestellt sind, kann man nicht klar identifizieren. Sind alle kugeligen Früchte Äpfel, oder könnten auch Pomeranzen darunter sein? Um welche Obstart handelt es sich bei den kleinen kugeligen Beeren? Was könnten die zapfenförmigen Früchte anderes sein als Maulbeeren? Sind die geriffelten Früchte Feigen oder gar Kakaoschoten? Allenthalben aber stößt man auf Granatäpfel: an kleinen und großen Stuhlwangen (Abb. 59), an den

Kommuniongittern der Seitenaltäre und im Chorgestühl (Abb. 60). Und nicht nur in geschnitzter
Form kommen sie vor, sie zieren auch den Stuck
der Decke im Langhaus.

Im Chorgestühl der Speinsharter Prämonstratenser
ist ebenfalls Mediterranes zu entdecken. Die
Fruchtgebinde über den Sitzen enthalten Granatäpfel, in vielen Fällen außerdem Zitronen (Abb. 61).
Auf den Pilasterkapitellen der Abteikirche Reichenbach stehen Stuckvasen mit verschiedenen Marienpflanzen; neben Lilien und weißen Rosen befindet
sich darunter auch eine Aloe. In Michelfeld zeigt
das Gewölbefresko einer Seitenkapelle einen Lilien-
garten, flankiert von zwei Aloen in Pflanzgefäßen.
Vegetabilen und floralen Architekturschmuck gibt
es natürlich schon seit Jahrtausenden. Für die
künstlerische Adaption von Pflanzen in geistlichen
Kontexten ist das Mittelalter ausschlaggebend, in
dem sich, ausgehend von den Gewächsen, die das
Hohelied nennt, eine reiche Pflanzensymbolik entwickelte, worin Heilpflanzen beispielsweise für die
Erlösung stehen.[66] In der Neuzeit griff man weiterhin auf die Symbolwelt dieser Botanica sacra zurück,[67] auch in neuen Medien wie gedruckten Büchern und Stichen. Die Oberpfälzer Klosterkultur
hat hier ebenfalls einige Beiträge vorzuzeigen.

Orangeriepflanzen-Motive in Literatur
und Druckgraphik
1671 veröffentlichte der Franziskaner Fortunat Hueber,[68] Lektor der Theologie in Ingolstadt, sein Mira-

Abb. 60: Granatapfel (im oberen Bereich des Frucht-
gebindes) im Waldsassener Chorgestühl (Kat. 4.6.2)

Abb. 61: Granatapfel und Zitronen im Schnitzwerk des Speinsharter Chorgestühls (Kat.4.6.1)

kelbuch für die Wallfahrt Neukirchen beim Heiligen Blut (Kat. 4.6.4). Wer oder was ihn dazu veranlasste, ist unbekannt, jedenfalls erlebte die beliebte bayerisch-böhmische, damals in Niederbayern und jetzt in der Oberpfalz gelegene Wallfahrt zu seiner Zeit ihren Höhepunkt.[69] Sie ging nach Huebers Kenntnisstand zurück auf einen Vorfall im Spätmittelalter: 1450 habe bei einem hussitischen Überfall ein Böhme hier einer Holzfigur der hl. Maria einen Schwerthieb versetzt, woraufhin Blut aus dem Spalt geflossen sei. Die Muttergottes wurde so zu dem berühmten Neukirchener Gnadenbild.

Der Autor wählte für den Buchtitel als programmatisch-emblematische Frucht den „zeitigen", d. h. reifen Granatapfel und ließ auch ein passendes Frontispiz drucken (Abb. 62). Seine Erfindung ist ein typisches Beispiel barocker Text- und Bildrhetorik.[71] Hueber geht dabei vom Hohenlied aus, wie er in einer „Anruffung" Mariens deutlich macht: „Verschmähe nit/ O gnädigste Fraw/ verschmähe nit dise zwar geringe vnd wenige/ doch schuldigiste vnd hertzlichiste Verehrung/ welche ich deinen Mütterlichen Händen kindlich anerbiete Sicut fragmen mali punici wie einen gespaltenen Granatapfel [Hld 4,3]; welcher in dem blüenden Garten deiner vnvergleichlichen Gnadenfrüchten gezeitiget vnd abgebrochen ist worden."[70] Auch das Schriftband auf dem Frontispiz zitiert die Bibelstelle: „deine Wangen seind | Wie ein Sticklein vom | Granatapffel."

Diese Frucht symbolisch auf Maria zu beziehen, ist keine neue Idee.[72] Als das Hohelied im Mittelalter eine marianische Deutung erfuhr, wurde auch das Granatapfel-Motiv mit einbezogen. Die Fülle an Kernen konnte als Zeichen der Fruchtbarkeit verstanden werden, im biologischen wie im übertragenen Sinn der Gnadenfülle:[73] „Sehet! was ist der Kern im zeitigen Granat-Apfel/ daß seynd die Göttliche Genaden in MARIA/ das seynd die eyfrige Begirden in Ewren Hertzen/ das seynd die ertheilte Gutthaten über Ewre Länder: also zwar daß der Begriff vnnd Inhalt über diemassen kostbar/ süß/ kräfftig vnd tugentreich."[74] Wichtig für die Assoziation des Granatapfels mit der Himmelskönigin war außerdem der Kelchzipfel, also die Überreste der Kelchblätter, die die Form eines Krönchens haben. Und schließlich ermöglichte das kräftige Rot des Fruchtsafts, das an Blut und damit an Martyrium erinnern konnte, eine leidensmystische Deutung: „Erst indem er gespalten wird, erhält der Granatapfel den vollen, süßen Geschmack, durch die Wunde wird er gleichsam vervollkommnet".[76] Für die Neukirchener Wallfahrt zur verwundeten Muttergottes war der Granatapfel also ein geradezu optimales Emblem. Hueber fasst den ersten Teil seines Mirakelbuches dementsprechend zusammen:

Fortunatus Hueber:
Das Neukirchener Gnadenbild als „zeitiger Granatapfel"
„*Diß ist der zeitige Granat-Apfel/ welcher die allersüssiste Körner seiner verborgnen Gnaden auß dem zerspalten bruch/ ja auß der blut fliessenden Haupt-Wunden über zwey so volckreiche Länder [= Bayern und Böhmen] außsträet [= ausstreut]: auß ihm sauget die Feder den süssen Safft der mütterlichen*

Güte/ vnd weiln alle entzündte Hertzen vor hitzigen Durst seynd verschwelcket [= verwelkt]/ lasset sie fliessen die hönigsüsse Adern/ auff daß alle nach belieben zuverkosten haben/ vnd im Werck zuerfahren/ was für kräfftige Früchten auff dem Marianischen Stammen das Churfürstenthum Bayrn trage/ welches auch an dem äusseristen Gränitzen die allerschönste/ mit Rosen vnd Lilgen gefärbte/ mit Blut vnd Milch vermängte/ mit Zucker vnd Hönig eingemachte Granatäpfel abzubrechen kann darbieten."[75]

Im Titelkupfer werden die hier aneinandergereihten Motive simultan dargeboten.

Fortunatus Hueber:
Widmung an Bischof Albert Sigismund von Freising und Regensburg
„*EIn kindliche Gaab legen vnd opffern wir auff den Altar Ewrer Hochfürstlichen Durchleuchtigkeit vnsterblicher Ehren: disen Apfel zu alle deroselben Groß-vätterlicher mildreichister Anblick von seinen in schuldigister Vnterthänigkeit gehorsamisten Dienern vnnd Mindern Kindern gnädigist würdigen auffzuheben vnd anzunemmen […].*
Dise Frucht ist entsprossen in jenigen verschloßnen Zwinger oder Baumgarten/ welcher Ewrer Hochfürstl. Durchl. groß-vätterlichen Obsorg vnd Hirten-Ampt zu hawen vnnd zubawen von oben herab ist anbefol-

chen; vnd zwar auff einem zweygipfigen sehr außgebreitem Stammen/ welcher den haylsamen Schatten seiner fruchtreichen Zweig in gantz Chur-Bayrn weit vnd breit außwirffet/ vnd biß in die Böhmische Wälder erstrecket: ich verstehe [darunter] den zweyfachen Bischoflichen Hirtenstab/ von dem zwey hoch ansehentliche Stifft und Bistumb/ Freysing vnnd Regenspurg/ in ruhiger Sicherheit tröstlichist verwaltet [...].

Gleich wol ist es kein bitteres/ kein gemeines/ kein vnzeitiges Ops [= Obst]; sonder es ist ein Frucht der Göttlichen Süssigkeit; ein kostbare Behaltnuß der allerscheinbaristen Wunderzierden/ der liebreichisten Gnaden/ der vortreflichisten Wolthaten/ welche die grosse Himmels-Käyserin vnnd Jungfräwliche Mutter GOttes MARIA in ihren wunder-würckenden Bildsaulen durch Chur-Bayrn vnd Cron Böham gantz mildreich vnd barmhertziglich würcket/ erzeiget/ außtheilet/ bestettiget vnd bewehret: es ist ein zeitiger Granat-Apfel/ außwendig zwar mit frischer Menig der hervor trauffenden rothen Schwaißtröpflen vntermahlet/ inwendig aber voll deß safftigsten Kerns/ der schönsten Wunder/ deß tugentreichisten Inhalts.

Jedoch ist es ein vom gezuckten Säbel zerspaltener Granat-apfel/ welcher am meisten vorbildet ein gekröntes Haupt; ein Haupt mit entsetzlichen Wunder biß durch die Pia Mater verwundet [...].

Ewer Hochfürstl. Durchl. wöllen Ihnen disen zeitigen Granat-Apfel gnädigist gefallen/ vnd

nit anderst lassen aufftragen/ als wann er (Cant 7.) [= Hld 7] im jenigem Lustgarten wäre abgelöset [= gepflückt] worden/ auß welchem die Geistliche Braut (nemblich die Kirchen Gottes) ihrem vermähleten Geliebtisten alle süsse Früchten/ so wol frische als alte Oepfel/ zu freundseeligsten Ehren hat auffbehalten [...]."[77]

1720 wurden die Gebeine des Katakombenheiligen Felix in die Eichstättische Benediktinerabtei Plankstetten übertragen. Titelgebend für die aus diesem Anlass gedruckte Festschrift war die Blüte einer Agave im Hofgarten des Fürstbischofs, ein Naturereignis, das solches Aufsehen erregte, dass kurzerhand ein Zusammenhang mit dem Heiligen Leib in Plankstetten hergestellt wurde. Obwohl die Pflanze in der Festpredigt von Philipp Martin Billinger gar nicht erwähnt ist, sorgte der Prälat von Plankstetten doch dafür, dass sie titelgebend für die Predigt wurde: „Geistlicher ALOË-FLOR, Das ist: Lob und Ehren-Red, Bey Solenner Translation deß heiligen FELICIS Martyris". In der Widmung schreibt Abt Benedikt Schmid:

Abt Benedikt Schmid: Widmung an den Eichstätter Fürstbischof Johann Anton Knebel von Katzenellenbogen

„Anders ist der Nach-Welt billich zu ewigen Gedencken zu übergeben die wundersame Aloë, so unlängst in Dero Hochfürstl. Hof-Garten zu Aychstett wider der Natur-Ordnung und Lauff in kürtzister Zeit als inner-

halb 44. Jahren/ mit 6394 gelb- oder
Aurora-färbigen Bluemen/ auch mit hochen/
und niederen Persohnen gröster Verwunderung ungemein-erfreulichst florirt hat/ wo-
durch Dero hochbeglückte Regierung von
gantzer Welt mit höchster Verwunderung an-
gesehen wird. Nochmehr pranget selbige Regierung mit dem überreichen Seegen/ und
Göttlichen Benediction, daß unter Dero glor-
würdigster Regierung nit nur aine jrrdische
Aloë, sonder noch 3. Geistliche Aloë, als 3
mit bitterer Marter entseelte Leiber der Heil.
Heil. Märtyrer Joannis 1712. den 5 Junij in
der Spital-Kirchen zum Heil. Geist in Aychs-
tett/ Cœlestini 1720. den 13. May im Hoch-
lobl. Closter Mariæstein/ Felicis bey uns in
Blanckstetten den 13. Octobris deß auß-
geloffnen Jahrs herrlichst zu floriren angefangen haben: Deren Ihre Seelen huben vor
geraumer Zeit als über 1000. Jahr in dem
Himmel zu floriren angehebt/ die Heil. Leiber aber wolten nit in Rom/ als einem sonst
heiligsten Lustgarten/ sonder in dem Geistlichen Hoch-Stüffts-Garten unter Dero
Hochfürstl. Regierung zu dero höchsten
Glücks-Vermehrung/ und anvertrauter
Hochwürdigsten Hoch-Stüffts Aychstett
ewiger Glory floriren. [...]
Daß/ gleich wie die unlängst florirende Aloë
in Dero Hof-Garten mit 6394. Bluemen zier-
lichst gepranget/ Euer Hochfürstl. Gnaden
preißwürdigste Regierung mit eben sovil/ ja
unzählig mehr geistlich- und zeitlichen Bene-

Abb. 62: Der Granatapfel als Symbolfrucht
des Neukirchener Mirakelbuches (Kat. 4.6.4)

dictionen [= Segnungen] von oben herab reichlichst begnadet werde; wovon durch S. Mart. Felicis himmlischer Anlaitung wir underthänigist-untergebne Blanckstetter auch Felicitirt [= beglückt] seyn mögen. Geruehen demnach Euer Hochfürstl. Gnaden disen Geistlichen Aloë-Flor, oder in dem Truck gegebne Translations-Solemnität als ein gehöriges/ und gebührendes in Dero Hochfürstl. Gnadens-Handen zu nehmen."[78]

Zitrusfrüchte waren als Symbole in der geistlichen Kunst und Literatur jener Zeit nur von geringer Bedeutung.[79] Zwar gehörte die Zitronat-Zitrone wohl schon in vorchristlicher Zeit zum jüdischen Brauchtum beim Laubhüttenfest.[80] Auch hatte man vom späten Mittelalter bis zum Ende des 16. Jahrhunderts die Zitrone in der christlichen Auftragskunst immer wieder als Marien-Attribut und als Symbol des Reinen und Unvergänglichen verwendet,[81] doch verlor sich diese künstlerische Tradition danach. In der barocken Bilderwelt wurden Zitronen und Pomeranzen vor allem im Zusammenhang mit der heidnisch-antiken Mythologie und der weltlichen Herrschaftssymbolik gesehen.[82] Wohl deshalb standen andere Pflanzen im Vordergrund, an erster Stelle der Granatapfel.[83] So besaß die Abtei Waldsassen Friedrich Forners „PARADISUS EVANGELICUS Malorum Punicorum" von 1665.[84] Aber auch andere Symbolpflanzen wurden herangezogen. Aus den Beständen der Amberger Jesuitenbibliothek stammt der Band „OLIVA NOVA SACRARUM CONCIONUM, Das ist: Newer Oliven

Baum, Heiliger Sonn- und Feyrtags-Predigen". 1693 veröffentlichte ihn der Prior Wilhelm Slüter aus dem Prämonstratenserkloster Ilbenstadt.[85]

Orangeriepflanzen in der Physikotheologie
Mit dem Ausklingen des Barock nahm das Interesse an der beschriebenen Art von Pflanzensymbolik ab. Doch auch für die Physikotheologen des 18. Jahrhunderts waren die Pflanzen, wie potentiell alle Naturphänomene, Zeichen mit einem religiösen Verweischarakter. Freilich geht es hier um eine religiöse Symbolik ganz anderer Art als in der barocken Kunst und Rhetorik. Die Vertreter dieser theologischen Richtung – sie gehörten zumeist dem evangelischen Lager an – waren bemüht, Aussagen der Bibel gegen eine zunehmend materialistische, in letzter Konsequenz atheistische Weltsicht der boomenden Naturwissenschaften zu verteidigen. Außerdem wurde der Wert der Natur als Quelle der religiösen Erbauung und Gotteserkenntnis betont. Wie in den Büchern der Bibel, so konnte auch im „Buch der Natur" das Wesen des Schöpfergottes, seine Weisheit, Vorsehung und Fürsorge im Umgang mit seiner Schöpfung, abgelesen werden. Glaube und Wissen sollten auf diesem Wege versöhnt werden.
Ein besonderes Beispiel für eine physikotheologische Publikation ist Scheuchzers „Kupferbibel" (Abb. 20, 24, 36, 40; Kat. 3.4, 3.6, 3.9, 3.13). Sie ist naturkundlicher Kommentar zur Bibel und physikotheologischer Gottesbeweis, und zwar in einer einzigartigen und opulenten medialen Kombination von Wort und Bild.[86] Die Illustrationen sollten dabei das Schöpfungswirken Gottes konkret vor Augen führen. „Die Gott beweisende Perfektion

Abb. 63: Frontispiz und Titelseite zu J. v. Rohrs „PHYTO-THEOLOGIA" (Kat. 4.6.6)

und Schönheit der Schöpfung zeigte sich im Aufbau und der Funktion jedes einzelnen Elementes."[87] Scheuchzer trug mit seiner „PHYSICA SACRA" erheblich zu einer positiven Sicht auf die Natur und zur Aufwertung naturkundlichen Forschens bei. Ob die Zisterzienser von Waldsassen, in deren Bibliothek die Kupferbibel einst stand, sich indessen mit dem Verhältnis von Glauben und Naturkunde auseinandersetzten, ist unbekannt. Ein erkennbares Interesse an Schriften der Physikotheologie zeigt

sich dagegen ausdrücklich in der Anschaffungspolitik der Reichenbacher Klosterbibliothek.[88] Der Verweischarakter der Naturphänomene ist in der Physikotheologie ein anderer als in der barocken Kunst und Literatur. Nun ist es nicht mehr die einzelne Pflanze oder Frucht, die mit einer spezifischen Symbolik aufgeladen wird, vielmehr sind die Naturobjekte nur Beispiele, die beliebig gegen andere ausgetauscht werden könnten. Ihre Aufgabe ist es, ökologische und gärtnerische Zusammenhänge zu verdeutlichen, die zeichenhaft für die göttliche Weisheit und Fürsorge stehen. So zielt Julius Bernhard von Rohrs „PHYTO-THEOLOGIA" (= „Pflanzen-Theologie") auf die Erkenntnis und das Lob der „Allmacht, Weisheit, Güte und Gerechtigkeit des grossen Schöpfers und Erhalters aller Dinge" ab (Abb. 63; Kat. 4.6.6).[89] Der Weg dorthin führt über die Betrachtung konkreter botanischer Phänomene. Im 2. Buch handelt das 4. Kapitel „Von der Vorsorge GOttes, daß so mancherley fremde Pflantzen in einheimischen Grund und Boden aufgebracht [= gezogen] werden können".[90] Rohr leitet ein, dass der Schöpfer in seiner Fürsorge den Menschen aller Weltgegenden Pflanzen für ihre Bedarfsdeckung zur Verfügung gestellt habe. Zusätzlicher Nutzen entstehe dadurch, dass Pflanzen auch in fremden Ländern angebaut werden könnten: „Die Einwohner eines ieden Landes lernen hierdurch erst recht die Güte und Güter des Erdreichs, welches sie betreten, erkennen, sie bekommen Nachricht von so vielen ihnen vorhero unbekannt gewesenen Gewächsen, mit denen sie sich [...] mehr Vortheil als mit ihren eignen verschaffen können, und werden destomehr angetrieben, fremde Völcker und Länder zu besuchen, wann sie wissen, daß sie bey ihnen viele oder doch einige von den Gewächsen finden, deren sie zur Unterhaltung ihres Leibes, oder auch bey ihren Kranckheiten, als Artzney-Mittel gewohnt sind. Hiedurch wird Handel und Wandel befördert, und der Umgang eines Volcks mit dem andern unterhalten [...]; der anderweitigen hieraus erwachsenden Glückseligkeit zu geschweigen."[91] Der Autor konkretisiert dies einerseits durch den Export euro-

päischer Pflanzen in ferne Länder, vor allem aber auch durch Pflanzen, die nach Europa geholt wurden: Die Kartoffeln, die damals so beliebten Zwiebelpflanzen wie Tulpen und Narzissen, dann aber auch Tabak, Granatäpfel, Kaffee, Agaven, Ananas, Kakteen und andere, die in Mitteleuropa zur Blüte oder Reife gebracht worden seien. Sein Kapitel schließt mit dem Fazit:

Julius Bernhard von Rohr: „Pflanzen-Theologie"

„[Wir erkennen] bey unsern einheimischen und auswärtigen Ländern, daß das Erdreich von Zeit zu Zeit eine Krafft erweiset, neue Gattungen der Feld-Wald-und Garten-Früchte, die andern Ländern ihren Ursprung schuldig sind, hervorzubringen. Wer wolte nun dieses nicht vor neue Merckmahle der göttlichen Güte erkennen, die unsere Länder beständig hin mit neuen Gütern beschencket, und den so gütigen heiligen und dreyeinigen GOtt auch hievor mit Lob-und Danck-Lieder absingen."[92]

Deutlich wird: Die einzelne Pflanze bezieht ihren Verweischarakter nicht mehr aus spezifischen Eigenschaften ihrer Anatomie, ihrer pharmazeutischen Wirkung oder ihrer in der Literatur und Kunst tradierten Symbolik. Was am Granatapfel sichtbar wird, kann auch an der Ananas gezeigt werden. Es geht um das Phänomen der Aufzucht exotischer Pflanzen an sich: Dass diese möglich ist, wird als vom Schöpfer eingeräumtes Potential gedeutet, das die „Glückseligkeit" des Menschen fördert – eines der Hauptanliegen der Aufklärung, hier in einem dezidiert christlichen Gewand.

Kat. 4.6.1: Die Speinsharter Chorherren beteten unter Granatäpfeln und Zitronen (Abb. 61)

Fruchtgehänge im Chorgestühl der Klosterkirche Speinshart, 1702 (Abbildung)

Kat. 4.6.2: Der Granatapfel: Ausdruck der Fruchtbarkeit des monastischen Gebets (Abb. 60)

Martin Hirsch: Schnitzerei im Chorgestühl der Stiftsbasilika Waldsassen, bis 1696 (Abbildung)

Kat. 4.6.3: Der Granatapfel im Früchtereigen der Waldsassener Kirchenbänke (Abb. 59)

Martin Hirsch: Stuhlwange im Waldsassener Laiengestühl, 1701 (Abbildung)

Kat. 4.6.4: Der Granatapfel als Symbolfrucht des Neukirchener Mirakelbuches (Abb. 62)

Hueber, Fortunatus: Zeitiger Granat-apfel Der allerscheinbaristen Wunderzierden [...], München 1671, Titelkupfer
PB AM: Hist.Bav. 250ᵃ (Prov. unbekannt)

Kat. 4.6.5: Die Agave als geistliche Symbolpflanze

Billinger, Philipp Martin: Geistlicher ALOË-FLOR, Da ist: Lob- und Ehren-Red, Bey Solenner Transla-tion deß heiligen FELICIS Martyris [...] In [...] Blanckstetten [...], Ingolstadt 1720, Titelseite
PB AM: Theol.hom. 15 (Prov.: Waldsassen)

Kat. 4.6.6: Physikotheologie: Die Geschöpfe verweisen auf ihren Schöpfer (Abb. 63)

von Rohr, Julius Bernhard: PHYTO-THEOLOGIA, Oder: Vernunfft- und Schrifftmäßiger Versuch, Wie aus dem Reiche der Gewächse Die Allmacht, Weisheit, Güte und Gerechtigkeit des grossen Schöpfers und Erhalters [...] erkannt [...] werden möge, Frankfurt/M./Leipzig 1740, Titelseite und Frontispiz
PB AM: Theol.gen. 1820 (Prov. unbekannt; im Reichenbacher Katalog ist die Auflage von 1756 verzeichnet)

Anmerkungen

1 Balsam 1989, 15.
2 S. beispielsweise Roth 1995; Hales 2000; Freuler 2004.
3 CAPITULUM NATIONALE, 87.
4 Kat. 4.2.4, 14.
5 Heilmeyer/Schirarend 1996; Wimmer 1992; ders. 1999.
6 Furttenbach 1640, Taf. 11 (Ansicht) und Taf. 12 (Grundriss).
7 Kat. 4.1.4, 902–973.
8 Ebd., 920ff.
9 Ebd., 948ff.
10 Balsam 1999, 31.
11 Ebd., 12.
12 Lechtreck 2000, 180ff.
13 Ebd., 168 u. 174ff.
14 Ebd., 216ff.
15 Schneider 1992, 126.
16 Ebd..
17 Gröschel 2007.
18 Dass es sich bei diesen Flächen nicht nur um ein planerisches Ideal, sondern um tatsächlich vorhandene Gartenzonen handelte, ist den Katasterplänen noch im 19. Jahrhundert zu ent-

nehmen; vgl. beispielsweise VA WEN (TIR): Ortsblatt von Waldsassen, Fortführungskarte a) umgraviert 1868.

19 Boge/Bogner 1999, 329ff.
20 Schrott 1998.
21 Grünwald 2008.
22 Einige Hinweise gibt aber Paulus 2005, 18ff.
23 Sturm 1705, 26 und Tab. I.
24 Ebd., 31.
25 Räume des Wissens 1997.
26 Sturm 1705, 31.
27 Schrott 2006.
28 Aldrovandi 1647.
29 Schachtner 1995, 90.
30 Grünwald 2008, 219.
31 Ebd., 207.
32 Foucault 1999; dazu Hoefer/Ananieva 2005, 17ff.
33 Anselm Desing 1999.
34 Literarische Klosterkultur 1997.
35 Paulus 2005.
36 Ebd., 34; vgl. auch ders. 1997, 116, 118f.
37 Ders. 2005, 34.
38 Desing 1747, 51f.
39 Kat. 4.4.2, Tabula IX.
40 Kat. 4.4.2, 192; im Original: „Undecimus labor. Horti erant in Mauritania, in quibus arbores aurea poma ferentes quas Juno Jovi donaverat pro dote. Custodiebantur ab Hesperidibus: & præcipuè ab immani Dracone, nunquam dormiente, centum capitibus instructo. Huc contendit Hercules, & Atlantem ferendo cœlo fessum liberavit tantisper onere, ipse cœlum ferens. Tum necato Dracone poma abstulit."
41 Knedlik 1999, 318ff.
42 Kat. 4.4.3, 119, 128f.
43 Gröschel 1999a, 12; dies. 2005, 175.
44 Literarische Klosterkultur 1997.
45 Kat. 4.4.6, unpag. Vorwort.
46 Ebd., 401, 652, 655, 664.
47 Jüttner 1999; auch Schwammberger 1965, 74ff.
48 Ryff 1602, 486.
49 Zu den Klöstern der Oberpfalz vgl. Knedlik 2006.
50 Balsam 1989, 13.
51 Zuletzt Menninger 2008, 253ff.
52 Ledesma/Severinus 1644.
53 Schrott 1995.
54 Ebd., 405.
55 S. CLXV.
56 S. CLXV.
57 Ryff 1602, 486.
58 Kat. 4.5.2, 84.
59 Schwammberger 1965.
60 Ebd., 57.
61 Proske 1997; Knedlik 2006, 183ff.
62 Kat. 4.5.6, pass.
63 Knedlik 2007.
64 Kat. 4.5.5, 374f.
65 Knedlik 2006, 187f.
66 Bergmann 1986, pass.
67 S. beispielsweise Hoppe 1968.
68 Über den Autor s. van Gemert 1983, 5*ff.
69 Ebd., 12*ff.
70 Ebd., 20*ff.
71 Kat. 4.6.4, 10.
72 Van Gemert 1983, 20*ff.; Schmidt 2000, 63; Telesko 2001, 26; Zerling 2007, 102; Schrott 2009.
73 Bergmann 1986, 452.
74 Kat. 4.6.4, unpag. „Vorred An die günstige Leser".
75 Van Gemert 1983, 21*.
76 Kat. 4.6.4, 95.
77 Ebd., unpag. Widmung, pass.
78 Kat. 4.6.5, unpag. (fol. III'f.).
79 Schrott 2009.
80 Gröschel 1999a, 8f.
81 Schwammberger 1965, 61ff. Nach Schwammberger lag hier eine Entlehnung aus dem jüdischen Brauchtum beim Sukkotfest vor, bei dem der Etrog, eine Zitronatzitrone, als Teil des Feststraußes nach Lev 23,40, eine wichtige Rolle spielt; s. ebd., 63ff.
82 Schwammberger 1965, 56ff.
83 Schrott 2009.
84 Forner 1665.
85 Klesselius/Slüter 1693. Weitere Beispiele in Schrott 2009.
86 Müsch 2000, v. a. 21ff., 131ff.; dies. 2001; Felfe 2003, 173ff.; Michel 2008, 111ff.
87 Müsch 2000, 180.
88 Schrott 2008, 367.
89 Kat. 4.6.6, Titelseite.
90 Ebd., 264ff.
91 Ebd., 265f.
92 Ebd., 282.

Zusammenfassung: Funktionen, Charakteristika und Bedeutung klösterlicher Orangeriekultur

Klösterliche Orangerien gab es im 17. und 18. Jahrhundert in durchaus stattlicher Zahl. Sind sie erhalten, wurden sie zumindest von Denkmalschützern und vom „Arbeitskreis Orangerien in Deutschland" erfasst.[1] Darüber hinaus lässt sich eine Reihe weiterer, heute abgegangener Orangerien nachweisen. Wie im Falle Michelfelds sind es nicht selten zeitgenössische Ansichten, auf denen sie ausfindig gemacht werden können. Allerdings ist, wie das Waldsassener und Speinsharter Beispiel zeigt, jeweils mittels weiterer Quellen zu klären, ob es sich um einen Idealplan oder eine wirklichkeitsgetreue Darstellung handelt. Die Orangerie in Waldsassen ist auch ein typisches Beispiel für ein paradoxes historisches Phänomen: Nur weil die Orangerie in der Säkularisation aufgelöst wurde, kennen wir heute noch ihre damaligen Bestände dank des aus diesem Anlass erstellten Inventars.

Gezeigt hat sich bei der Sichtung der Amberger Buchbestände, dass sich der „Orangerie-Diskurs" nicht allein und exklusiv auf die Sprache der Architektur und die so genannte Orangerie-Literatur beschränkt, sondern in eine Reihe weiterer Quellengattungen hineinwirkt, beispielsweise in die Hausväterliteratur, in das Schrifttum der Volksaufklärung, in die Reiseliteratur, in theologische Publikationen und festliche Gelegenheitsliteratur. Dort überschneidet er sich mit einer Reihe anderer Themenbereiche. Neben das Bemühen, die Kernregion der frühneuzeitlichen Orangeriekultur scharf zu umreißen, sollte daher der Versuch treten, solche Überschneidungsgebiete stärker mit zu berücksichtigen.

Klostergärten waren ein fester Bestandteil des klösterlichen Alltagslebens. Sie dienten der Rekreation der Religiosen ebenso wie der Selbstversorgung der Küche und der Klosterapotheke. Orangerien waren für beide Zwecke allerdings keineswegs zwingend erforderlich. Umgekehrt sind die Klostergärten jedoch eine notwendige Bedingung dafür, dass eine klösterliche Orangeriekultur überhaupt entstehen konnte.

Betreiber von Orangerien waren Fürsten, Adelige, Patrizier und Klöster, Angehörige der Stände also. Man könnte einwenden, dass andere gesellschaftliche Gruppen dazu finanziell gar nicht in der Lage waren. Klar ist jedenfalls, dass Pomeranzenhäuser soziales Prestige sowohl erzeugten, als auch zum Ausdruck brachten. Mit den fürstlichen Orangerien, die den klösterlichen und bürgerlichen zeitlich vorangingen, war eine herrschaftliche Symbolik verbunden, die zumindest „abfärben" konnte. Orangerien fügen sich deswegen nahtlos in das Ensemble adliger wie klösterlichen Herrschafts- und Standeszeichen ein.

Obwohl von Angehörigen der geistlichen Lebensform betrieben, gehören klösterliche Orangerien primär zu den weltlich ausgerichteten Kulturleistungen von Klöstern. Jedoch lassen sich die beiden Sphären in einem Konvent nicht scharf trennen. Wer ins Kloster eintrat, „verließ" nach damaligem Sprachgebrauch „die Welt". Aber in Klausur zu leben, konnte nicht mit völliger Isolation gleichbedeutend sein. Weder war eine absolute wirtschaftliche Autarkie, eine ausschließliche materielle Selbstversorgung denkbar, noch konnte auf intellektuellen Austausch verzichtet werden. Wenn ein Selbstverständnis gepflegt wurde, in dem Gelehrsamkeit Teil der Identität von Ordensangehörigen war, mussten sie sich mit dem Bildungskanon und den zeitgenössischen Themen und Fragestellungen beschäftigen. Im 18. Jahrhundert traten hier den Büchern als Hauptinformationsquellen immer stärker Sammlungen von Naturalia, Artificialia und Scientifica als weitere Erkenntnisquellen zur Seite. Die klösterliche Sammelpraxis in Kabinetten und Orangerien stand im Dienst monastischer Sekundärtugenden, die für ein Gelingen der geistlichen Lebensform als notwendig galten.

Dass die Früchte von Orangeriepflanzen auch konsumiert wurden, wird man mit guten Gründen annehmen dürfen. Wenn Kremsmünster Mitte des 17. Jahrhunderts ein eigenes Feigenhaus errichtete, so geschah dies sicher nicht primär aus Repräsentationsgründen, sondern zur Versorgung des Refektoriums. Auch in anderen Klöstern wurden nachweislich selbstgezogene Feigen verzehrt. Die zwölf Waldsassener Feigenbäume und auch das andere südländische Obst erfüllte daher wohl dieselbe Aufgabe, und auch in der Krankenstube konnten verschiedene Erzeugnisse der Orangerie Verwendung finden.

Vielleicht gab es aber außerdem so etwas wie einen „geistlichen Blick" auf die Pflanzen des Orangerie-Sortiments. Mediterrane Gewächse waren in den Augen von Mönchen und Chorherren sicher stärker als im Bewusstsein weltlicher Personen „Bibelpflanzen" und geistliche Symbole. So mag die Betrachtung eines Granatapfels oder eines Feigenbaumes Anlass zu manchen erbaulichen Gedanken gegeben haben, zu denen Nicht-Kleriker weniger imstande gewesen wären.

Klöster, so wird man abschließend betonen dürfen, sollten in der kulturgeschichtlichen Forschung als Betreiber von Orangerien stärker berücksichtigt werden. Die Funktionen dieser Einrichtungen lassen sich nicht einfach mit denen fürstlicher oder bürgerlicher Pomeranzenhäuser gleichsetzen, vielmehr setzte die Klosterkultur hier eigene Akzente. Waren auf Seiten der Prälaten Verhaltensweisen gefragt, die sich an der Praxis ihrer direkten sozialen Konkurrenten, nämlich des Adels orientierten – Repräsentation und Demonstration von Statusbewusstsein –, könnte das Interesse der einzelnen Religiosen eher denen bürgerlicher Orangerie-Liebhaber gleichen. Zumindest Odilo Schregers Schriften lassen die persönliche, nicht auf Kalkül, sondern auf Gefühlen beruhende Faszination an fremdländischen Pflanzen und Früchten spüren. Darin steht uns Schreger über die Jahrhunderte hinweg nahe.

Fortunat Hueber: Zeitiger Granat-apfel

1.

DEr Apfelbaum gblüet hat;
  Laß dir sein Frucht wol schmecken;
Zeitig vnd roth lacht der Granat:
  Wer wolt nit Hand außstrecken:
Dir/ Jungfraw rein/ gebürt allein
  Die erste Frucht vor allen:
So nimme dann/ den Apfel an;
  Laß dir mein Liebs-Pfand gfallen.

2.

Wie in sich einschließt der Granat
  Tausent vnd tausent Kerlein;
Als obs dNatur versamblet hat
  Saphir/ Rubin vmd Perlein:
Ein Frucht voll Krafft/ deß besten Safft/
  Süß über alle massen;
Niemand kan gnug sein Farb vnd Gruch
  Empfinden/ noch auffassen.

3.

Also bist schön vil tausent mal;
  Außbund der Adams-Kinder/
Bestrahlt/ Durchleuchtig wie Crystal/
  O Zuflucht aller Sünder!

Voll Ehr vnd Gnad/ wie der Granat/
  Wann thut sein Röth außbrechen:
Dein Preiß vnd Lob/ mir liget ob/
  Vor allen außzusprechen.

4.

Wann auch schon solt der Himmlen Ray
  Dein Nam einhellig klingen:
Wann auch solt mit erhebten Gschray/
  Die dreyfach Welt drein singen:
Verschmäch doch nit/ deins Dieners Bitt/
  Sein Opffer thue auffnemmen:
Zu deiner Pflicht vnd Zuversicht/
  Weil sich all Gschöpff bequemen.

5.

Die Fläx und Nerven angestreckt/
  Mein Pulß vnd Blut Canalen/
Die Lebens-Geister aufferweckt/
  Verstand vnd Hirnschalen.
Was mich erhitzt/ die Feder spitzt/
  All Witz/ Sinn vnd verlangen/
An deinem Glantz/ vnd Schönheit gantz
  Verzuckt seynd vnd gefangen.[2]

Anmerkungen

1 Der „Arbeitskreis Orangerien in Deutschland" unterhält eine
   eigene Orangerien-Datenbank. Informationen unter der
   Internet-Adresse: www-ak-orangerien.de.
2 Kat. 4.6.4, 11f.

Gedruckte Quellen und Literatur

850 Jahre Prämonstratenserabtei Speinshart 1996

850 Jahre Prämonstratenserabtei Speinshart. 75 Jahre Wiederbesiedlung durch Stift Tepl. 1921–1996. Eine Ausstellung der Prämonstratenserabtei Speinshart in Zusammenarbeit mit dem Diözesanmuseum Regensburg (= Kunstsammlungen des Bistums Regensburg. Diözesanmuseum Regensburg. Kataloge und Schriften, Bd. 17), Regensburg 1996

Adelung 1801

Adelung, Johann Christoph: Grammatisch-kritisches Wörterbuch der Hochdeutschen Mundart, mit beständiger Vergleichung der übrigen Mundarten, besonders aber der oberdeutschen […], 4. Theil […], Leipzig 1801

Aldrovandi 1647

Aldrovandi, Ulysses: Quadrupedum omnium bifulcorum HISTORIA […], Frankfurt/M. 1647 (PB AM: Hist.nat. 220)

Allerley Sorten Orangerie 2001

Allerley Sorten Orangerie (Schriftenreihe des Arbeitskreises Orangerien in Deutschland Bd. 3), o. O. [Lampertswalde] 2001

Anselm Desing 1999

Anselm Desing (1699–1772). Ein benediktinischer Universalgelehrter im Zeitalter der Aufklärung (Hgg. Manfred Knedlik/Georg Schrott), Kallmünz 1999

Balsam 1989

Balsam, Simone: Orangerien – Bauten im Spannungsfeld zwischen Architektur und Natur. Studien zur Typologie am Beispiel hessischer Orangerien, Diss. Marburg 1989

Balsam 1996

Balsam, Simone: Die Stellung der Orangerien in den Gärten und deren Einfluß der Stellung auf ihre Architektur, in: Arbeitskreis „Orangerien". Tagungsbericht 2, Potsdam 1996, 87–101

Balsam 1999

Balsam, Simone: „…man unterschiedliche solche Pommeranzen-Häuser in Teutschland findet…" Die Orangerie im Kontext von Schloss und Garten, in: Der Süden im Norden 1999, 31–45

Baumann 2007

Baumann, Hellmut: flora mythologica. Griechische Pflanzenwelt in der Antike, Kilchberg 2007

Baumgartner 2005

Baumgartner, Thomas: „Welsche Pamben, Feigenheiser und Pumerantschenstuben". Streiflichter auf die Entwicklung der Orangeriekultur im Wiener, nieder- und oberösterreichischen, Salzburger und Tiroler Raum von den Anfängen bis 1683, in: Ein Hauch von Gold 2005, 131–158

Bergmann 1986

Bergmann, Rosemarie: Sicut lilium inter spinas. Pflanzen als Symbolträger, in: Mittelalter-Rezeption. Ein Symposion (Hg. Peter Wapnewski) (Germanistische Symposien. Berichtsbände VI), Stuttgart 1986, 450–472

Beuchert 2004

Beuchert, Marianne: Symbolik der Pflanzen, Frankfurt/M. – Leipzig 2004

Binhack 1888

Binhack, Franz: Geschichte des Cisterzienserstiftes Waldsassen von der Wiederherstellung des Klosters (1661) bis zumTode des Abtes Alexander (1756) nach Manuskripten des P. Dionysius Huber, Regensburg/Amberg 1888

Binhack 1896

Binhack, Franz: Geschichte des Cisterzienser-Stiftes Waldsassen unter dem Abte Wigand von Deltsch (1756–1792) nach handschriftlichen Quellen bearbeitet (Programm des K. Gymnasiums Eichstätt 1895/96), Eichstätt 1896

Birgfeld 2003

Birgfeld, Johannes: Von Adels Lust zu Bürgers Nutz? Orangerien im (literarischen) Diskursfeld des 18. Jahrhunderts, in: Natur hinter Glas 2003, 139–201

Boge/Bogner 1999

Boge, Birgit/Bogner, Ralf Georg: Katholische Leichenpredigten des 16. bis 18. Jahrhunderts. Einige vorläufige Thesen zur Geschichte von Produktion und Distribution einer Gattung der religiösen Gebrauchsliteratur der frühen Neuzeit, in: Oratio funebris. Die katholische Leichenpredigt der frühen Neuzeit. Zwölf Studien. Mit einem Katalog deutschsprachiger katholischer Leichenpredigten in Einzeldrucken 1576–1799 aus den Beständen der Stiftsbibliothek Klosterneuburg und der Universität Eichstätt (Hgg. diess.) (Chloe 30), Amsterdam/Atlanta 1999, 317–340

Brosse 2001
Brosse, Jacques: Mythologie der Bäume, Düsseldorf ²2001

CAPITULUM NATIONALE
CAPITULUM NATIONALE Der Löbl. Cistercienser-Congregation durch Ober-Teutschland…, Nördlingen o. J. [frühestens 1735]

Clusius 1601
Clusius, Carolus: RARIORVM PLANTARVM HISTORIA […], Antwerpen 1601 (PB AM: Hist.nat.bot. 47)

de Cuveland 1996
de Cuveland, Helga: Ein Wundergewächs aus großer Herren Gärten. Die Bedeutung der Aloe im 16. bis 18. Jahrhundert, in: Klodt, Olaf u. a. (Hgg.): Festschrift für Fritz Jacobs zum 60. Geburtstag, Münster 1996, 39–50

Desing 1747
Desing, Anselm: AVXILIA HISTORICA, Oder Historischer Behülff, Und Bequemer Unterricht Von Denen darzu erforderlichen Wissenschafften VII […], Stadtamhof ⁶1747

Dioscorides 1546
Dioscorides: Kreutter Buch […], Frankfurt/M. 1546 (PB AM: Hist.nat.bot. 56)

Dobat u. a. 2005
Dobat, Klaus/Habrich, Christa/Kowalewski, Michael: Pflanzen der Bibel. Begleitheft zur Sonderausstellung im Deutschen Medizinhistorischen Museum Ingolstadt vom 1. Juni bis 11. September 2005 sowie der 2003 und 2004 im Botanischen Garten der Universität Tübingen erfolgten Ausstellung (Kataloge des Deutschen Medizinhistorischen Museums Ingolstadt 25), Ingolstadt ³2005

Dressendörfer 1998
Dressendörfer, Werner: Vom Kräuterbuch zur Gartenlust. Der Hortus Eystettensis zwischen Medizin, Botanik und Hortikultur, in: Die Pflanzenwelt des Hortus Eystettensis. Ein Buch lebt, München/Paris/London 1998, 73–90 (auch in: Hortus Eystettensis. Zur Geschichte eines Gartens und eines Buches, München 1989, 69–89)

Duden. Das Fremdwörterbuch
Duden. Das Fremdwörterbuch, Mannheim ⁷2000

Düll 2002
Düll, Ruprecht: Die Gattung Cupressus (Cupressaceae). Systematische Stellung der Echten Zypressen, Cupressus, in: Orangerien 2002, 108–116

Eder 2007
Eder, Mary Anne: Klosterleben trotz Säkularisation. Die Zentralklöster der Bettelorden in Altbayern 1802–1817 (Forschungen zur Volkskunde 56. Abt. Kirchen- und Ordensgeschichte H. 3), Münster 2007

Ein Hauch von Gold 2005
Ein Hauch von Gold. Pomeranzen und Gartenkunst im Passauer Land, Regensburg 2005

Erkelens 1999
Erkelens, Wies: Orangenbäume im Besitz der Prinzen von Oranien – vor allem auf Het Loo, in: Oranien 1999, 92–102

Felfe 2003
Felfe, Robert: Naturgeschichte als kunstvolle Synthese. Physikotheologie und Bildpraxis bei Johann Jakob Scheuchzer, Berlin 2003

Forner 1665
Forner, Friedrich: PARADISUS EVANGELICUS MALORUM PUNICORUM […] Tomus I, Mainz 1665 (PB AM: Theol. hom. 422)

Foucault 1999
Foucault, Michel: Andere Räume, in: ders.: Botschaften der Macht. Der Foucault-Reader. Diskurs und Medien (Hg. Jan Engelmann), Stuttgart 1999, 145–157

Freuler 2004
Freuler, Regula: Die Gärten der Mönche, München 2004

Furttenbach 1640
Furttenbach, Joseph: ARCHITECTURA RECREATIONIS. Das ist: Von Allerhand Nutzlich: vnd Erfrewlichen Civilischen Gebäwen […], Augsburg 1640 (PB AM: Technol. 16)

Die Goldenen Äpfel 1996
Die Goldenen Äpfel. Wissenswertes rund um die Zitrusfrüchte (Hgg. Carsten Schirarend/Marina Heilmeyer), Berlin 1996

Gretzel/Chiba 2006
Gretzel, Doris/Chiba Bertram: Hinter Mauern und Zäunen. Die Gärten des Stiftes Zwettl (Zwettler Zeitzeichen 11), Zwettl 2006

Gröschel 1999a
Gröschel, Claudia: Die goldenen Äpfel. Zitrusfrüchte zwischen antikem Mythos, Herrschaftssymbol und bildender Kunst, in: Der Süden im Norden 1999, 7–13

Gröschel 1999b
Gröschel, Claudia: Von der Götterfrucht zum Konsumgut. Die Karriere der Zitrusfrüchte in der bildenden Kunst, in: Oranien 1999, 137–148

Gröschel 2005

Gröschel, Claudia: Großer Herren Vergnügen. Orangerie-
    pflanzen als Motiv in der höfischen Kunst, in: Ein Hauch
    von Gold 2005, 173–189

Gröschel 2007

Gröschel, Claudia: Dekoration und Herrschaftszeichen. Oran-
    geriepflanzen als Motiv in der höfischen Kunst, in: Oran-
    gerien in Europa 2007, 7–12

Grünwald 2008

Grünwald, Michael: Wer suchet, der findet. Barocke Sammel-
    leidenschaft in Stiften und Klöstern, in: Jagdfieber und
    fieberhaft sammeln (Hg. Marktgemeinde Reichenau/Rax),
    Reichenau/Rax 2008, 207–219

Günther 2001

Günther, Harri: Anmerkungen zum Orangerie-Parterre, in:
    Allerley Sorten Orangerie 2001, 54–60

Hales 2000

Hales, Mick: Klostergärten, München 2000

Hamann 1986

Hamann, Heinrich: Nachwort, in: Volkamer 1986 (mit eige-
    ner Paginierung)

Hamann 1996

Hamann, Heinrich: Villa Castello – Versailles – Sanssouci.
    Die Entwicklung der Orangerien in Deutschland, in: Die
    Goldenen Äpfel 1996, 66–74

Hamann 1999

Hamann, Heinrich: Die Heizung in Orangerien und Gewächs-
    häusern, in: Der Süden im Norden 1999, 102–111

Hamann 2001

Hamann, Heinrich: „Aloethürme“ – Tempel für eine Pflanze,
    in: Wo die Zitronen blühen 2001, 54–57

Hamann 2005

Hamann, Heinrich: Die Entwicklung des abschlagbaren
    Pomeranzenhauses in Deutschland, in: Ein Hauch von
    Gold 2005, 107–120

Heilmeyer 1996

Heilmeyer, Marina: Der antike Mythos von den goldenen
    Äpfeln, in: Die Goldenen Äpfel 1996, 10f.

Heilmeyer 1999

Heilmeyer, Marina: Die goldenen Äpfel – Mythologisches
    rund um die Zitrusfrüchte, in: Oranien 1999, 16–23

Heilmeyer 2001a

Heilmeyer, Marina: Die Geschichte des Mythos von den Gol-
    denen Äpfeln, in: Wo die Zitronen blühen 2001, 16–27

Heilmeyer 2001b

[Heilmeyer, Marina:] Die Goldenen Äpfel in Nürnbergs Hes-
    peridengärten. Begleitheft zur Ausstellung des Garten-

bauamtes Nürnberg im Barockgarten Johannisstraße 13
    – Gartenhaus, Nürnberg 2001

Heilmeyer/Schirarend 1996

Heilmeyer, Marina/Schirarend, Carsten: Bücher über Zitrus-
    früchte, in: Die Goldenen Äpfel 1996, 46–57

Hoefer/Ananieva 2005

Hoefer, Natascha N./Ananieva, Anna: Einleitung, in: Der an-
    dere Garten. Erinnern und Erfinden in Gärten von Institu-
    tionen (Hgg. diess.) (Formen der Erinnerung 22), Göttin-
    gen 2005, 9–33

Hoiman 2003

Hoiman, Sibylle: Die Natur ins Haus holen. Zur Architektur
    von Orangerien und Gewächshäusern im 18. und
    19. Jahrhundert, in: Natur hinter Glas 2003, 47–70

Hoppe 1968

Hoppe, Brigitte: Kräuterbücher, Gartenkultur und sakrale de-
    korative Pflanzenmalerei zu Beginn des 17. Jahrhunderts,
    in: Rechenpfennige. Aufsätze zur Wissenschaftsgeschichte.
    Kurt Vogel zum 80. Geburtstag, München 1968, 183–207

Isphording 1982

Isphording Edgar: Gottfried Bernhard Göz 1708–74. Ölge-
    mälde und Zeichnungen. Textband, Weißenhorn 1982

Isphording 2008

Isphording Edgar: Kräuter und Blumen. Kommentiertes Be-
    standsverzeichnis der botanischen Bücher bis 1850 in der
    Bibliothek des Germanischen Nationalmuseums Nürn-
    berg, Nürnberg 2008

Junghans 1991

Junghans, Martina: Das Fresko der Orangerie von Kloster
    Bronnbach, in: Wertheimer Jahrbuch 1990 (1991) 147–166

Junghans 2003

Junghans, Martina: Die Orangerie im Kloster Bronnbach, in:
    Natur hinter Glas 2003, 11–26

Jüttner 1999

Jüttner, Guido: Zitrus in Medizin und Pharmazie, in: Oranien
    1999, 82–91

Kalender 1867

Kalender für katholische Christen 27 (1867) [PB AM:
    Hist.Bav. 189 1–2 (1867)]

Kawollek/Falk 2005

Kawollek, Wolfgang/Falk, Henning: Bibelpflanzen. Kennen
    und Kultivieren, Stuttgart 2005

Klesselius/Slüter 1693

Klesselius, Gallus/Slüter, Wilhelm: OLIVA NOVA SACRARUM
    CONCIONUM […] Erster Wintertheil […], Köln 1693
    (PB AM: Theol.hom. 936)

Knedlik 1999

Knedlik, Manfred: Bibliographie der Schriften Anselm Desings, in: Anselm Desing 1999, 316–351

Knedlik 2006

Knedlik, Manfred: Klösterliche Heilkunst. Zur Pflege der
Medizin und Pharmazie in Regensburger und Oberpfälzer
Klöster vom Mittelalter bis zum Ende des Alten Reiches,
in: Res naturae 2006, 167–188

Knedlik 2007

Knedlik, Manfred: Einführung, in: Schreger, Odilo: Speiß-
Meister Oder Nutzlicher Unterricht Von Essen und Trincken. Neudruck der Erstausgabe von 1766 (Hgg. ders./Al-
fred Wolfsteiner), Kallmünz 2007, 7–13

Landwehr 2003

Landwehr, Jürgen: Einblicke – Ausblicke. Ein Nachwort in
kulturwissenschaftlicher Absicht zu den Vorträgen auf der
Tagung „Natur hinter Glas – Zur Kulturgeschichte von
Orangerien und Gewächshäusern", in: Natur hinter Glas
2003, 221–234

Lechtreck 2000

Lechtreck, Hans-Jürgen: Die Äpfel der Hesperiden werden
Wirtschaftsobst. Botanische Illustration und Pomologie
im 18. und frühen 19. Jahrhundert (Aachener Bibliothek 1), Berlin 2000

Ledesma/Severinus 1644

de Ledesma, Antonius Colmenerus/Severinus, Marcus Aureli-
us [Übers.]: CHOCOLATA INDA. Opusculum De qualitate
& naturâ CHOCOLATÆ […], Nürnberg 1644 (PB AM:
Med. 593)

Lexikon der christlichen Ikonographie

Lexikon der christlichen Ikonographie (Hg. Engelbert Kirsch-
baumer), 8 Bde., Rom u. a. 1990

Linné 1777ff.

Linné, Carl von: Vollständiges Pflanzensystem […], Nürnberg 1777–88 (PB AM: Hist.nat.bot. 23)

Lipp 1991

Lipp, Walter: Die Staatliche Bibliothek Amberg und ihr Erbe
aus den oberpfälzischen Klosterbibliotheken, in; ders./
Gieß, Harald: Die Staatliche Bibliothek (Provinzialbibliothek) Amberg und ihr Erbe aus den oberpfälzischen Klosterbibliotheken, Amberg 1991, 5–55

Lipp 1997

Lipp, Walter: Die Bibliothek des Klosters Ensdorf im Zeitalter
des Spätbarock und der Aufklärung bis zur Auflösung
1802. Versuch einer Teilrekonstruktion aus den an der
Staatlichen Bibliothek Amberg noch vorhandenen und
nachweisbaren Beständen, in: Literarische Klosterkultur
1997, 133–164

Lipp 2005a

Lipp, Walter: Geschichte der Staatlichen Bibliothek (Provinzialbibliothek) Amberg, in: Sitz der Weisheit 2005, 9–25

Lipp 2005b

Lipp, Walter: Die Bibliothek des Klosters Reichenbach vom
Spätbarock bis zur Auflösung 1803, in: Sitz der Weisheit
2005, 69–90

Literarische Klosterkultur 1997

Literarische Klosterkultur in der Oberpfalz. Festschrift zum
300. Geburtstag von P. Odilo Schreger OSB (Hgg. Manfred Knedlik/Alfred Wolfsteiner), Kallmünz 1997

Marzell 1954

Marzell, Heinrich: Das Buchsbaum-Bild im Kräuterbuch
(1551) des Hieronymus Bock, in: Sudhoffs Archiv für Geschichte der Medizin und Naturwissenschaften 38 (1954)
97–103

Mayer 1748

Mayer, Joseph: Dreyfaches Leben auf Erden Nach dem Zeitlichen Tod Des […] HERRN INNOCENTII [Weiß] Weyland
[…] PRÆLATens zu Inderstorff […], München 1748

Menninger 2008

Menninger, Annerose: Genuss im kulturellen Wandel. Tabak,
Kaffee, Tee und Schokolade in Europa (16.–19. Jahrhundert) (Beiträge zur Wirtschafts- und Sozialgeschichte
102), Stuttgart ²2008

Michel 2008

Michel, Paul: Physikotheologie – Ursprünge, Leistung und
Niedergang einer Denkform, Zürich 2008 (http://www.
symbolforschung.ch/files/pdf/Michel_Physikotheologie.
pdf; Zugriff: 17.11.2008)

Müsch 2000

Müsch, Irmgard: Geheiligte Naturwissenschaft. Die Kupfer-
Bibel des Johann Jakob Scheuchzer (Rekonstruktion der
Künste 4), Göttingen 2000

Müsch 2001

Müsch, Irmgard: Der Blick auf die Natur als Gottesbeweis.
Johann Jakob Scheuchzers Kupfer-Bibel (1731–35), in:
Wahrnehmung der Natur. Natur der Wahrnehmung. Studien zur Geschichte visueller Kultur um 1800 (Hgg. Gab-
riele Dürbeck u. a.), Dresden 2001, 87–102

Natur hinter Glas 2003

Natur hinter Glas. Zur Kulturgeschichte von Orangerien und
Gewächshäusern. Beiträge zur Jahrestagung des Gam-
burger Forums für Kulturforschung im Kloster Bronnbach

September 2002 (Hg. Jürgen Landwehr) (Kulturlandschaft
– Landschaftskultur 1), Sankt Ingbert 2003

Niemann 2007

Niemann, Alexander: Der barocke Garten des Klosters Neuzelle und seine Wiederherstellung, in: Das Zisterzienserkloster Neuzelle. Bestandsforschung und Denkmalpflege
(Arbeitshefte des Brandenburgischen Landesamtes für
Denkmalpflege und Archäologischen Landesmuse-
ums 15), Berlin 2007, 50–116

Nordmann 2005

Nordmann, Norbert: Orangerien und Gewächshäuser im
Kulturraum Altbayern, in: Ein Hauch von Gold 2005,
121–130

Orangerien in Europa 2007

Orangerien in Europa. Von fürstlichem Vermögen und gärtnerische Kunst (ICOMOS. Hefte des Deutschen National-
komitees XLIII), München 2007

Orangerien 2002

Orangerien – Von fürstlichem Vermögen und gärtnerischer
Kunst (Schriftenreihe des Arbeitskreises Orangerien in
Deutschland e. V. Bd. 4), o. O. 2002

Oranien 1999

Oranien – Orangen – Oranienbaum (Hg. Vorstand der Kulturstiftung DessauWörlitz) (Kataloge und Schriften der
Kulturstiftung DessauWörlitz 9), München – Berlin 1999

Paulus 1997

Paulus, Helmut-Eberhard: Die Orangerie als Ideal. Anmerkungen zur Gestalt von Orangerien im Umkreis der Familie Schönborn, in: Jahrbuch der Stiftung Thüringer Schlösser und Gärten 2 (1997) 103–127

Paulus 2005

Paulus, Helmut-Eberhard: Orangerie – der realisierte Traum
von der Antike als Paradies, in: ders.: Orangerieträume in
Thüringen. Orangerieanlagen der Stiftung Thüringer
Schlösser und Gärten (Hg. Stiftung Thüringer Schlösser
und Gärten) (Große Kunstführer der Stiftung Thüringer
Schlösser und Gärten 2), Regensburg 2005, 11–40

Pawlak 2001

Pawlak, Katja: Die Geschichte der Schweriner Orangerie und
eine Konzeption für ihre Nutzung, in: Allerley Sorten
Orangerie 2001, 120–133

Plattner 2005

Plattner, Anton: Die Feige. Eine alte Kulturpflanze: Geschichte und Geschichten, in: Ein Hauch von Gold 2005,
99–106

Proske 1997

Proske, Gebhard: Heilkunde und Klosterpharmazie. Medizin-
historische Betrachtung zu Odilo Schregers Kleiner Haus-
Apothecke, in: Literarische Klosterkultur 1997, 85–107

Puppe 2002

Puppe, Roland: Zur Geschichte der Orangerie-Garten-Kultur
am sächsischen Hof, in: Orangerien 2002, 6–28

Püttmann 1988

[Püttmann, Kristin:] „…zur noth und zur lust". Orangerien
und Gewächshäuser in den Gärten westfälischer Schlösser, Münster 1988

Räume des Wissens 1997

Räume des Wissens. Repräsentation, Codierung, Spur (Hgg.
Hans-Jörg Rheinberger/Michael Hagner/Bettina Wahrig-
Schmidt), Berlin 1997

Res naturae 2006

Res naturae. Die Oberpfälzer Klöster und die Gaben der
Schöpfung. Beiträge des 2. Symposions des Kultur- und
Begegnungszentrums Abtei Waldsassen vom 17. bis
19. Juni 2005 (Hgg. Manfred Knedlik/Georg Schrott)
(Veröffentlichungen des Kultur- und Begegnungszentrums
Abtei Waldsassen 2), Kallmünz 2006

Roth 1995

Roth, Hermann Josef: Schöne Alte Klostergärten, Würzburg
o. J.[1995]

Ruttmann 2005

Ruttmann, Anette: Theatrum Botanicorum. Das „Curious
Herbal" der Elizabeth Blackwell und das „Herbarium
Blackwellianum emendatum et auctum", in: Sitz der
Weisheit 2005, 51–68

Ryff 1602

Ryff, Walther: Newe Außgerüste Deütsche Apoteck […],
Straßburg 1602 (PB AM: Med. 2)

Saudan-Skira/Saudan 1998

Saudan-Skira, Sylvia/Saudan, Michael: Orangerien. Paläste
aus Glas vom 17. bis zum 19. Jahrhundert, Köln 1998

Schachtner 1995

Schachtner, Petra: Naturkundliche Sammlungen und der Na-
turwissenschaftliche Verein, in: Lorenz, Martina (Hg.): Im
Turm – im Kabinett – im Labor. Streifzüge durch die Regensburger Wissenschaftsgeschichte, Regensburg 1995,
86–99

Schelter 1992

Schelter, Alfred: Der Garten von Seehof und seine Orangerien, in: Arbeitskreis „Orangerien". Tagungsbericht 1,
Potsdam 1992, 83–110

Schirarend 1996

Schirarend, Carsten: Von Apfelsine bis Zitrone, in: Die Goldenen Äpfel 1996, 12–41

Schmid 1993

Schmid, Alois: Vom Westfälischen Frieden bis zum Reichsdeputationshauptschluß. Altbayern 1648–1803, in: Handbuch der bayerischen Kirchengeschichte. 2. Bd. Von der Glaubensspaltung bis zur Säkularisation (Hg. Walter Brandmüller), Sankt Ottilien 1993, 293–356

Schmid 1995

Schmid, Alois: Die neuen Klöster, in: Handbuch der bayerischen Geschichte. 3. Bd.. 3. Teilbd. Geschichte der Oberpfalz und des bayerischen Reichskreises bis zum Ausgang des 18. Jahrhunderts (Hg. Andreas Kraus), München 1995, 216–222

Schmidt 2000

Schmidt, Margarethe: Warum ein Apfel, Eva? Die Bildsprache von Baum, Frucht und Blume, Regensburg 2000

Schneider 1992

Schneider, Falko: Öffentlichkeit und Diskurs. Studien zu Entstehung, Struktur und Form der Öffentlichkeit im 18. Jahrhundert, Bielefeld 1992

Schneider 2006

Schneider, Ulrich Johannes: Bücher als Wissensmaschinen, in: Seine Welt wissen. Enzyklopädien in der Frühen Neuzeit (Hg. ders.), Darmstadt 2006, 9–21

Schrank 1793

Schrank, Franz von Paula: Reise nach den südlichen Gebirgen von Baiern […], München 1793

Schrott 1995

Schrott, Georg: „Substantz Zethl". Waldsassener Zelleninventare als Quellen monastischen Lebensstandards im späten 18. Jahrhundert, in: Studien und Mitteilungen zur Geschichte des Benediktinerordens und seiner Zweige 106 (1995) 377–409

Schrott 1998

Schrott, Georg: Trauer- und Festdekorationen in den bayerischen Klöstern des 17. und 18. Jahrhunderts. Kunstgeschichtliche Hinweise aus der Personalschriftenforschung, in: Studien und Mitteilungen zur Geschichte des Benediktinerordens und seiner Zweige 109 (1998) 275–290

Schrott 2006

Schrott, Georg: „Splendori simul utilitatique". Naturkundliche Sammlungen in den Klöstern der Oberen Pfalz, in: Res naturae 2006, 57–89

Schrott 2008

Schrott, Georg: Krypto-physikotheologische Xylotheken? Funktion und Symbolik der Bibliomorphie in den Holzbibliotheken des Niederaltaicher Benediktiners Candidus Huber, in: QVI AMAt sApIENtIAM. Festschrift für Walter Lipp zum 70. Geburtstag (Hgg. Franz Meier/Tobias Rößler), Kallmünz 2008, 361–381

Schrott 2009

Schrott, Georg: Geistlicher ALOË-FLOR. Zur religiösen Symbolik von Orangeriepflanzen in der bayerischen Literatur der Barockzeit, in: Festschrift für Hans Pörnbacher (Hgg. Guillaume van Gemert/Manfred Knedlik) [Druck in Vorbereitung]

Schrott/Knedlik 2003

Schrott, Georg/Knedlik, Manfred: Klio wich mit Fleiß... Polemische und programmatische Bemerkungen zur Oberpfälzer Klosterforschung, in: Solemnitas. Barocke Festkultur in Oberpfälzer Klöstern. Beiträge des 1. Symposions des Kultur- und Begegnungszentrums Abtei Waldsassen vom 25. bis 27. Oktober 2002 (Veröffentlichungen des Kultur- und Begegnungszentrums Abtei Waldsassen 1) (Hg. diess.), Kallmünz 2003, 9–15

Schwammberger 1965

Schwammberger, Adolf: Vom Brauchtum mit der Zitrone (Fürther Beiträge zur Geschichts- und Heimatkunde 2), Nürnberg 1965

Settekorn 2003

Settekorn, Wolfgang: Wie der Süden im Norden hinter Glas gedeiht. Beobachtungen zu den Nürnbergische Hesperides des Johann Christoph Volkamer, in: Natur hinter Glas 2003, 71–127

Sitz der Weisheit 2005

Sitz der Weisheit 2005. 200 Jahre Provinzialbibliothek Amberg, Kallmünz 2005

Stieler 1999

Stieler, Cordelia: Die Zitruskultur in Anhalt-Dessau, in: Oranien 1999, 38–48

Sturm 1705

[Sturm, Leonhard Christoph:] Die Geöffnete Raritäten- Und Naturalien-Kammer […], Hamburg 1705 (ND Köln 2002)

Der Süden im Norden 1999

Der Süden im Norden. Orangerien – ein fürstliches Vergnügen, Regensburg 1999

Tauschek 2006

Tauschek, Markus: Vom hortus conclusus zur Wellness-Oase? Die Kommodifizierung klösterlicher Kultur, in: Res naturae 2006, 209–228

Telesko 2001

Telesko, Werner: Die Weisheit der Natur. Heilkraft und Symbolik der Pflanzen und Tiere im Mittelalter, München/London/New York 2001

Treml 2000

Treml, Robert: Frater Adalbert Eder (1707–1777) und die Reliquienverehrung im Stiftland, in: Sonderausstellung 2000. Adalbert Eder. Barocke Klosterarbeiten. Begleitbroschüre zur Ausstellung vom 27. November 1999 bis 7. Januar 2001 in der Basilika von Waldsassen und im Stiftlandmuseum Waldsassen, Waldsassen 1999, 19–39

Treml 2008

Treml, Robert: Die Kattundrucker-Familie Rother in Waldsassen 1828–1864, in: Türmer, Tod und Aberacht. Beiträge zur Geschichte unserer Heimat zwischen Fichtelgebirge und Böhmerwald (Landkreis-Schriftenreihe 20), Pressath 2008, 88–106

Ullrich 1993

Ullrich, Bernd: Agaven. Illustrationen blühender Exemplare bis 1800 (Palmgarten Sonderheft 21), Frankfurt 1993

Vallemont 1714

Vallemont, Pierre Le Lorrain de: Merckwürdigkeiten der Natur und Kunst…, Bautzen 1714 (PB AM: Hist.nat.bot. 45)

van Gemert 1983

van Gemert, Guillaume: Nachwort, in: Hueber, Fortunat: „Zeitiger Granat-apfel" München 1671. Mirakelbuch des bayrisch-böhmischen Wallfahrtsortes Neukirchen bei Heilig Blut (Hg. Guillaume van Gemert) (Geistliche Literatur der Barockzeit 4), Amsterdam/Maarssen 1983, 1*–49*

Volkamer 1986

V[olkamer], J[ohann] C[hristoph]: Nürnbergische HESPERIDES, Oder Gründliche Beschreibung Der Edlen Citronat/ Citronen/ und Pomerantzen-Früchte […], Nürnberg 1708 (ND Leipzig 1986)

Wertz 1999

Wertz, Hubert Wolfgang: Die Schwetzinger Orangerie, in: Der Süden im Norden 1999, 59–73

Widmer 2006

Widmer, Petra: Zur Geschichte der Gärten des Klosters Waldsassen. Von den ältesten Quellen bis zum Jahr 1803, in: Res naturae 2006, 123–142

Wiemer 1999

Wiemer, Wolfgang: Die Gärten der Abtei Ebrach, Berlin 1999

Wimmer 1992

Wimmer, Clemens Alexander: Citrus-Literatur in der Bücherei des Deutschen Gartenbaues, in: Arbeitskreis „Orangerien". Tagungsbericht 1, Potsdam 1992, 136–146

Wimmer 1996

Wimmer, Clemens Alexander: Die Verbreitung der Zitrusarten im Renaissance- und Barockgarten, in: Die Goldenen Äpfel 1996, 79–82

Wimmer 1999a

Wimmer, Clemens Alexander: Bemerkenswerte Zitrus-Literatur vom 16. bis 19. Jahrhundert, in: Oranien 1999, 49–58

Wimmer 1999b

Wimmer, Clemens Alexander: Die Pflanzenbestände der Orangerien, in: Der Süden im Norden 1999, 14–19

Wimmer 2001

Wimmer, Clemens Alexander: „Von denen Lust- und Blumen-Bäumen". Das Kübelpflanzensortiment in Renaissance und Barock, in: Allerley Sorten Orangerie 2001, 72–87

Wo die Zitronen blühen 2001

Wo die Zitronen blühen. Orangerien – Historische Arbeitsgeräte, Kunst und Kunsthandwerk, Berlin/Brandenburg 2001

Zedler

Zedler, Johann Heinrich: Grosses vollständiges UNIVERSAL-LEXICON Aller Wissenschafften und Künste […], Leipzig/Halle 1732ff.

Zerling 2007

Zerling, Clemens: Lexikon der Pflanzensymbolik, Baden/München 2007

Zohary 1995

Zohary, Michael: Pflanzen der Bibel. Vollständiges Handbuch, Stuttgart ³1995

Bildnachweise

Provinzialbibliothek Amberg: 1–5, 12, 18–44, 46, 47, 49–53, 55–58, 62, 63
Staatsarchiv Amberg: 9–11, 16, 17
Germanisches Nationalmuseum Nürnberg: 6, 13, 15, 45, 54
Staatliche Bibliothek Regensburg: 48
Kloster Speinshart: 14
Albert Schneider, Waldsassen: 7, 8
Georg Schrott, Sprockhövel: 59–61

Dank

Für Hilfe und Unterstützung in Rat und Tat, für Einzelhinweise wie für oft intensive begleitende Reflexion und Diskussion habe ich besonders herzlich folgenden Personen zu danken:

Dr. Simone Balsam, Dresden

Dr. Mary Anne Eder, Theißing

Heinrich Hamann, Potsdam

Dipl.-Ing. Bernhard Herrmann, Bayerisches Landesamt für Denkmalpflege, München

Dr. Thomas Korth, Bamberg

Walter Lipp, Rückholz

Adolf Mörtl, Bamberg (besonders!!!)

Christoph Nicht, Kunstsammlungen und Museen Augsburg

Albert Schneider, Waldsassen

P. Benedikt Schuster OPraem, Kloster Speinshart

Erwin Stoiber, Staatsarchiv Amberg

Robert Treml, Waldsassen

Josef Trißl, Vermessungsamt Weiden, Außenstelle Tirschenreuth

Petra Widmer, Ilvesheim

und dem Team der Provinzialbibliothek Amberg, allen voran Herrn Franz Meier und ganz besonders der Leiterin, Frau Siglinde Kurz.